www.ingramcontent.com/pod-product-compliance
Ingram Content Group UK Ltd.
Pitfield, Milton Keynes, MK11 3LW, UK
UKHW062258290726
14090UKWH00017B/770

9 781778 198298

إضاءات

Publisher
Khaled Homaidan

Toronto – Canada

Reference # CMC36/22
Phone: 1.647.977.6677 - 1.647.242.0242
E-Mail: cmcmedia@rogers.com

المجموعة الكاملة

(11)

إضاءات

منشورات خالد حميدان
تورنتو - كندا

الطبعة الأولى - 2023

خالد حميدان

إضاءات

Author: Khaled Homaidan المؤلف: خالـد حميـدان

Publisher: Khaled Homaidan
khaled.homaidan@gmail.com

Address: 58 Pinecrest St. Markham ON, L6E 1C2
CANADA

Title: Eda-At المجموعة الكاملة (11) كتاب "إضاءات"

Language: Arabic

Reference #: CMC36/23

ISBN: 978-1-7781982-9-8

تصميم الغلاف والإخراج للمؤلف

*****

Phone: 1.647.242.0242

E-Mail: khaled.homaidan@gmail.com

الإهداء

إلى الأصدقاء المتجهين إلى معارج الروح

والمتعطشين إلى تذوق الجمال في أعماقه وأبعاده..

أقدم "الإضاءات" المرفقة،

علها بما حملته من متعة في صدق المشاعر،

نبلغ معها نشوة الصفاء والنقاء..

تمهيـد

يضم هذا الكتاب مجموعة من المقالات كتبت في أوقات مختلفة وبعناوين مختلفة، شكلت في معظمها إفتتاحيات صحيفة "الجالية" التي كنت أصدرها بشكل دوري في مدينة تورنتو ـ كندا.

أما القاسم المشترك الحاضن لهذه المجموعة، فهو النفس الوجداني الذي أحرصُ على بثه في معظم كتاباتي مهما تباينت المواضيع، ذلك أنه يبقى بنظري، أفضل وسيلة لنقل المشاعر الإنسانية والاهتزازات الفكرية الصادقة. وخير دليل على ذلك ما لاقته الخواطر الأسبوعية التي اعتمدتها في "وجهة سير" من إقبال وتشجيع..

ويهمني التأكيد هنا على أن ما تضمنه الكتاب هو نثرٌ وليس شعراً (كما يريد البعض تصنيفه). فإذا ما تضمنت بعض المقطوعات صوراً من الخيال أو استخداماً لوزن أو قافية، فإنها تبقى في إطار النثر الجميل الذي قد يتفوق على الشعر أحياناً ولكن.. ليس ما يوجب تسميته بغير إسمه.

وبالمناسبة، يهمني أن أتقدم من الصديق الشاعر ذوقان عبد الصَّمد بأسمى آيات الشكر والامتنان على رسالته الوجدانية الحميمة حول "إضاءات" الكتاب، التي يفوح منها أريج العاطفة الصادقة وقد شرَّفني بما يضمر لأسلوبي المشار إليه من إعجاب وتقدير..

المؤلف

"ما قلَّ ودلَّ" في إضاءات الأديب خالد حميدان

رسالة الشاعر: ذوقان عبد الصَّمد

تورنتو في 2022/07/21

سأختصر ما وجدته في حديقة خالد حميدان التي أرى فيها جميلاً كلما توغلت..
قرأت للأستاذ خالد أكثر من خاطرة متنوعة في مضامينها، وهو ينعطف بها صوب الوعي وتنقيته من ترسباتٍ في البنية الاجتماعية لينتقل إلى أبعادٍ أكثر خصوبةً ضمن مناخٍ أدبيٍ رفيعٍ يتميز بالعمل الراقي لكشف الحقيقة.

اتسم أسلوبه بالتتبع لإدراك الذات والنزوع الداخلي.. ذلك أن لدى الأستاذ خالد المقدرة في تحديد البعد الإنساني كونه يتحرك من روحٍ نقيةٍ لا تشوبها شائبة، لتقومَ بالدور المطلوب في رحاب المعرفة وتدلَّ على المسلك المضيء بالقيم والمفاهيم الأخلاقية.
كان قديراً ومُبدعاً بالتعبير في طرحه هذه النصوص الجميلة غير المشبعة بالظلال.. وهو يمتلك رهافة الإحساس والرؤيا وقد حملها إلى الآخرين لإصلاح الذات والتعامل لخيرها وخير الجماعة..

لدى خالـد المقدرة في تذوُّق الجمال وبثه بكلامٍ خلاقٍ من لفتةٍ عاليةِ النبض. يحسُّ بالأشياء ويتأملها، يسلط الضوء عليها ثم يطلقها بما "قلَّ ودلَّ" من الكلام لتفعل فعلها في مداراتها الإنسانية.
كل بريق لاح في "إضاءات" الصديق خالـد أم في "خواطره الهادفة"، حقق الغاية التي يرمي إليها لتترك أثراً كبيراً عند قارئها كما تركت عندي. وهو يعرف كيف تتفاعل التناقضات في الأصوات الداخلية لبلوغ القيمة.

تحيتي للإستاذ خالـد حميدان وتقديري لما يقوم به في المجال الأدبي والثقافي وكذلك في نشاطه الاجتماعي الرامي إلى إنشاء الروابط التي تجمع الكتّاب والشعراء والمؤلفين، وهو الأديب والخطيب المتربع على عرش الكلمة..

يقيني ألا تسقط كلماتي في المجاملة،
هذا هو خالـد حميـدان..!

المخلص/ ذوقان عبد الصّمد

مقدمة المؤلف

كلمتي يوم توقيع كتابي بعنوان: "سقوط الجمهورية".

لم أكشفْ سراً كان مغموراً، كما وإنني لم أعلن عن سرٍ كان دفيناً عندما اخترت "سقوط الجمهورية" عنواناً لكتابي الذي صدر في العام 2012..

لم استخدم هذا العنوان للتعبير عن الإحباط أو خيبة الأمل التي أقعدت الهمم وحملت اللبنانيين على الوقوع في أفخاخ "الواقعية" والاستسلام لما يقرره أعداء الوطن.. بل للتنبيه والدعوة إلى وجوب تضافر الجهود في مواجهة الانحلال وإجراء ما يلزم من تدابير وقائية كانت لنا أحلاماً، قبل فوات الأوان، ذلك أن الوطن الذي لا مكان فيه لأحلام أبنائه، هو بحكم الواقع مصاب بالعقم والشلل، وإن لم يسقط بعد، إلا أنه مهدد بالسقوط في أي وقت..!

إن المصدر اللغوي لكلمة "الجمهورية" هو فعل "جمهرَ". يقال جمهر الشيء أي جمعه أو تجمهر القوم أي اجتمعوا. و"الجمهور" هو جماعة القوم التي ترتبط أعضاؤها بمصالح واحدة، وجمع جمهور هو "جماهير".. أما "الجمهورية"، في تحديدها العلمي والقانوني، فهي الدولة التي تُنتقى أركانُها من قبل جمهورها (وليس جماهيرها) بالانتخاب وليس بالتوارث (هذا هو التحديد القانوني للجمهورية). وكانت تستخدم كلمة "الجمهورية" من قبل دول العالم ولا تزال،

للدلالة على حداثة الدولة وتحررها من قيود الاقطاع والطائفية..

من هنا كانت الجمهورية نقيضاً جوهرياً لما هو عليه لبنان وسائر الدول العربية. فالمسماة جمهورية، هي ساقطة بتركيبتها الأساسية لأنها تتنافى مع المدلول القانوني والانساني الذي يعني نظاماً ديمقراطياً يقوم على أساس العدل والمساواة بين المواطنين. وهنا نطرح السؤال التالي: هل يُحكم لبنان بنظام ديمقراطي بالمواصفات التي ذكرنا، لتصحَّ تسميته بالجمهورية..؟ بالطبع لا وللأسف.. وعلى كل مواطن حرٍ يعيش هناك أن ينحني.. فإما للموت البطيء على أرض الوطن.. وإما للرحيل..

المشهد - المأساة يتكرر في سورية كما في العراق وفي فلسطين وفي غيرها من البلدان العربية. لقد تحول الشعب الواحد أو جمهور الأمة الواحدة إلى جماهير متعددة، لا تعايش بينها سوى في الخطب والشعارات.. فكيف بعد تفاقم الأزمات وتوالي النكبات التي تبدو بظاهرها سياسية.. وهي في باطنها طائفية..؟

يسرني في هذه الفسحة أن أحيي الأخ والصديق السفير الدكتور كلوفيس مقصود، الذي كان من المقرر أن يشرفنا بحضوره إلى هذا اللقاء. فرغم الوعكة الصحية التي ألمت به، فقد حبس أنفاسه ليكتب بعضاً من كلمات وهي لي بمثابة وثيقة شرف واعتزاز حيث يقول:

"سقوط الجمهورية"، عنوان صدمني في البداية لكون كلمة "سقوط" تنطوي على نتيجة محسومة لا نريدها لجمهوريتنا

اللبنانية، لا بل علينا أن نواجه كل التحديات إذا كان الوطن فعلاً يتجه نحو السقوط.. وكانت ردة فعلي الفورية أن أصارح الصديق خالد حميدان بذلك علّه يختار عنواناً آخر لكتابه.. ولكن ما كدت أقرأ ما ورد في الكتاب حتى أدركت الدافع لهذا العنوان المثير للجدل، وعرفت أن ما يعنيه المؤلف في "السقوط" يشير إلى قناعة راسخة أن لبنان بالأصل، ليس "جمهورية" بالمفهوم القانوني الدقيق حيث يعمل النظام لصالح المواطنين في تأمين حقهم وأمنهم وأمانهم. فالإتجاه العام المعمول به في لبنان، منذ البداية، هو نظام يعمل لدسترة مصالح أمراء الطوائف المتعددة، بدلاً من نظام يرسخ المواطنة التي تحتفل بتنوع الأعراف والطوائف.. وهنا كان لا بد لي من أن أوافق الصديق خالد الرأي بعدما زالت الصدمة لأقول: إن "سقوط الجمهورية" هو أفضل عنوان يمكن لهذا الكتاب أن يحمله.."

ويدعونا هذا الموقف للقول: كنا ننتظر، على امتداد سبعين عاماً من الاستقلال، أن يخرج لبنان من مستنقعات التبعية والطائفية التي خلفتها مراحل الاستعمار ليعبر إلى الدولة العلمانية ويقيم المواثيق المدنية بدلاً من المواثيق المذهبية التي استمرت في تكبيل المواطن بقيودها الخانقة حتى وصلنا إلى ما وصلنا إليه اليوم من تشنجات وانحرافات صرفتنا عن الوطن.

وإن قيام الدولة المدنية العلمانية، لا يعني مطلقاً نصب العداء للأديان السماوية أو إقصاء المؤسسات الدينية عن دورها الإرشادي والروحي. وإنما المقصود هو قيام دولة قوية

متحررة من نفوذ كل الطوائف وحاضنة لجميع الأديان والطوائف على أسس وطنية ثابتة. إن الضياع الذي يتحكم بشعبنا اليوم، مرده هذا التخلي عن ممارستنا للحق الطبيعي الذي سيفتح الباب على مصراعيه لكل الطامعين بالهيمنة والسلطة، بمن فيهم الأصوليات الدينية والتكفيرية (على أنواعها) التي تهدد لبنان والمنطقة، وتخطط لطمس التراثَ الوطني والمعالمَ الحضارية فيه.

بقي أن نعوِّلَ على شباب وشابات لبنان ومؤسسات المجتمع المدني الذين ينتفضون اليوم لإسقاط النظام الطائفي، والتأكيد على الرغبة الصادقة في بناء الدولة العلمانية المدنية القادرة على إدارة شؤون البلاد وتثبيت الجمهورية.. الواجب يدعونا جميعاً، مقيمين ومغتربين، إلى إعادة النظر بما يرضي الضمير، لإيجاد المخارج الناجعة التي تنقذ لبنان وتعيد له المناعة وليس في النهاية ما يبرر فشلنا واستسلامنا..!

ولم يكن كتاب "سقوط الجمهورية" هذا، سوى "البلاغ رقم 1" الذي يحتوي على تحريض مسؤولٍ موجهٍ إلى كل مواطن يتطلع إلى غدٍ واعدٍ يحضن ناشئتنا ويحمي أجيالنا، للإسهام في إسقاط النظام القبلي السائد وأدواته البالية تلافياً لسقوط الجمهورية..!

وهنا أكرر السؤال الذي طرحته مراراً: هلا سألنا أنفسنا.. ماذا ينتظرنا عندما يسقط الوطن..؟

●

خاطرة

سيكتبُ التاريخ في غدٍ نرجوه قريباً أنَّ قيامة الشهداءِ التي تمخَّضَتْ عن آلامِهِم، كانت السرَّ لقيامةِ شعبنا وبلوغِه الحقيقةَ الساطعة.. وما الظَّفرُ بالقيامةِ إلا عزُّ الحياةِ..

خاطرة

عند الغروبِ من كل يومٍ، تعتلي ذاكرتي أحداثُ اليوم لتحثني على مساءلة ذاتي بذاتي.. وهكذا يحصلُ عند عشيةِ العمرِ حيث تعتلي ذاكرة الإنسانِ صورٌ مرَّتْ على الطريقِ في مشوارِ حياتِه، فيبكي لبعضِها حيث العدمُ والندمُ ويفرحُ للبعضِ الآخر لمواقفَ مشرفةٍ بالصدقِ والوفاءِ.. الأجدى بنا أن نكثِرَ من الوفاءِ ونحن لا زلنا على الطريقِ. فالوفاءُ وسامٌ يعلقُ على جبينِ الشرفاءِ..

إلى الأديب والفنان المبدع جوزيف حنا..

في الذكرى الأولى لرحيله

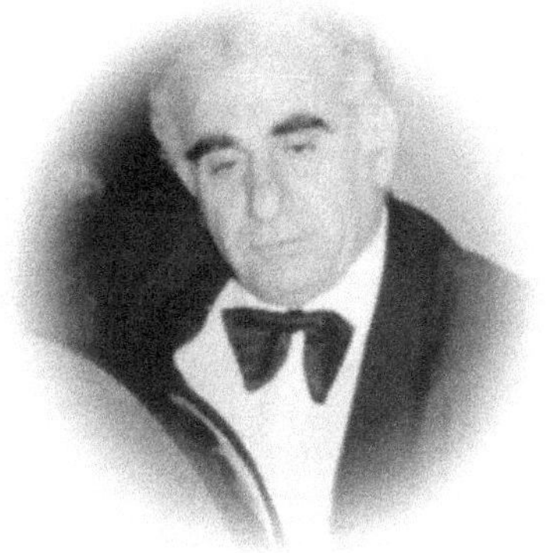

2015/01/09

صديقيَ الذي رحلتَ بالأمس

دون وداع،

دون إشارةٍ أو استئذان..

أفاجئك اليومَ..

وفي ذاتِ اليوم الذي أقمتَ فيه الارتحالْ..

للسؤال عن حالك ربما

أو للعتاب!!

علني أحظى بما يرضي الفؤادَ

ويعيدُ السكينة إلى ذاتِ السؤالْ..

يا مؤمناً مررتَ بأرضنا

تحملُ الحبَّ زاداً للفقراء..

ضاقتْ بشموخك أحياؤنا

فتراجعتَ

يكسوكَ ثوبُ الخفاءْ..

انحرفتْ عن بصائرنا أحلامُك

وضلَّ عن مسامعنا النداءْ..

إذ لقيتَ شعباً جاحداً، مكابراً

يتنكرُ لربِّ الجمالْ..

غارقاً في شرِّ المعاصي

عاشقاً ليلَ الضلالْ..

لا يُصانُ الودُّ في كتابه

بل الكفرُ والكيدُ، عنوانُ المقالْ..

جوزيف حنا..

أيا شقيقاً أكبرَ ومعلماً زاهداً

في دنيانا الفانية..

أخذتُ عنك الحبَ حين قلتَ:

"في الحب تكمن دربُ البطولة"..

وإذ أردتُ المشاركة
في خلق جيلٍ من الأبطالْ
بأفكار ساطعة..
لبلسمةِ جراح الوطن
ودحرِ الفاجعة..
جعلتني حين لبيتُ نداءَ المحبة،
في كتابيَ "الأبله الحكيم"
أمشي زهواً مردداً
ذات الرسالة السامية..

علمتني أن ألبسَ رداءَ النورِ
حداداً على الظلام،
وأن أنتصرَ للحق في محكمةِ الأيام..
وبسيفك،
ضربتُ أشباحَ الجهالةِ والظلمات،
وكنتَ لي أنت "شمعة ساهر"
تسامرني على الطريق..
فعرفتُ أنك النبي
الذي سطرَ يراعُ الزمن خلودَه

إذ كنتَ تتراءى لي في وثبةِ كل ثائرْ
وفي إقدامِ كلِّ مغامرْ..

إن عطائيَ هو بعضٌ من زادك
وانتفاضتي القاصرة
هي بعضُ ثورتك الظافرة..

أنا ما جئتُ اليومَ للاعتراض
على مشيئةٍ لا بدَّ واقعة..
ولا لأذرفَ الدمعَ
على قضاء السماء العادلة..
بل لأعمِّق الإيمانَ
بذكرِ فضائلك الرائدة،
وأنك بصحبة الأولياء الصالحين
في جنة خصَّها الله للمؤمنين..

هنيئاً لك أينما حللت أيها الصديق
في ديار الله الواسعة..

●

خاطرة

الحقيقة بمفهومِها العام واحدةٌ لا تتجزأ. غير أنَّ الإنسانَ، حبيسُ حواسِه الخمسِ القاصرةِ، لا يمكنه إلا أن يتصوَّرُ مجموعةً من الحقائقِ النسبيةِ التي تنحلُّ وتندثرُ مع حركةِ الكونِ والفسادِ.

تلتقطُ أذناي بعضَ كلامِ الكبارِ أحياناً دونَ أن أفهمَ له معنىً..
ربَّما لأنني لا أزالُ صغيراً..!؟

خاطرة

خاطرة

•

ليسَ في الحياةِ ما يعترضُ سيرَ الحياةِ وإن خُيِّلَ للبعض أنها تتعثرُ أحياناً لما يدورُ حولَها من مظاهرَ تبدو متناقضة رغم تماسكِها وتكاملِها، كالليلِ والنهار إذ يبدأُ الأولُ عندما ينتهي الثاني بتواصلٍ كليٍّ لا يتوقفُ، والضحكُ والبكاءُ حيث آخرُ الضحكِ دموع متساقطة وآخرُ البكاءِ همساتٌ ضاحكة. كذلك هما الضوءُ والعتمةُ والشروقُ والمغيبُ واللائحة تطولُ.. بقيَ أن ننظرَ إلى الحياةِ بمنظارِ القبولِ والتحدي. فالذين يحملون في نفوسِهم حنيناً إلى المعرفةِ والترقي، هم دائماً الذين يرسمونَ الصورةَ الأسمى للحياة..

في روايتها بعنوان: "إمرأة في مكان آخر"

غادة ملحم نعيم تعلن:
الحب هو جسر العبور إلى الحياة..

2015/01/15

"إمرأة في مكان آخر"، الرواية التي نشرت مؤخراً وتصدرت معرض الكتاب في بيروت خلال كانون الأول 2014، كانت محاولة رصينة وجريئة في التفتيش عن الحقيقة، للكاتبة والشاعرة غادة ملحم نعيم. والتفتيش عن الحقيقة، كما هو معلوم، كان ولا يزال الشغل الشاغل لكل مفكر أو متأمل في الحياة والموت.

وكأني بالكاتبة تدخل متاهات البحث والتنقيب عما توهبه الحياة ويلتهمه الموت فتصور حيرة المرء في تفسير ظواهر الأشياء والمعاناة النفسية التي تعتريه جراءها، من خلال علاقة حب بطلي روايتها، لانا وجاد، والمفارقات غير المألوفة التي تتكرر في حياة الحبيبين الحاضرة نقلاً عن حياة سابقة ربما، تتجدد بما يلائم الزمان والمكان. وكأن لانا وحبيبها المسرحي جاد وهما يعيشان اليوم (عام 2014) في بيروت، يجسدان روحي "أغات" وحبيبها الرسام "أيفانو" اللذين كانا يعيشان في باريس (عام 1887). وقد أرادت الكاتبة من خلال هذه المقاربة أن تشير إلى ما هو أقوى من الموت والفناء.. الحياة التي لا تعرف نهاية بل تستمر في

علائها، بشكل آخر وقميص مختلف، لتعلن الفرح والأمل والترقي.

يبدو في سياق الرواية الوصف الحي لما كانت عليه لانا العاشقة من شغف روحي ومادي تجاه حبيبها جاد. ولعل الكاتبة أرادت من خلاله، أن تؤكد أن الانسان الذي هو مزيج المادة والروح، لا يستطيع أن يفصل بين عنصري تكوينه، مهما علت الدرجة الروحية التي يقف عليها، طالما أنه يعيش في عالم أرضي خاصته الأساية المادة والحواس الخمس الملازمة للإنسان. ولأنه كذلك نجد بأن الوصف قد تناول في بعض الأحيان الإيحاءات الجنسية، بشيء من الدقة والجرأة لكي يلتصق أكثر فأكثر بالواقع ولأن الجنس هو حالة مادية للتعبير عن الحب. والحب الذي تتكلم عنه غادة نعيم هو حب "مدرحي" كما الانسان أي من مادة وروح.

آمنت لانا بأن الحياة تلازم الروح في حياتها الأرضية بقصد المعرفة وأن الحب هو جسر العبور إلى الحياة. أما الموت، وإن يكن مظهراً عابراً لفناء الجسد، الذي هو وعاء الروح، غير أنه لا يعطل مسيرة الروح التي وإن ضلت طريقها فإنها لا بد ستعود ولو بعد حين..

•

خاطرة

كنت أحسَبُه فهيماً متزناً حتى ثبُتَ العكسُ بعجزِه وقصورِه في فهمِ غايتي حين ادَّعى بأن كلماتي يكتنفها بعض الغموض.
إلى هذا الصديق الكريم أهدي رداً للكبير ميخائيل نعيمة يقول فيه: لكل أذنٍ كلمة.. ولعل أذنك ليست لكلماتي. فابعدْ عني ولا تتهمْني بالغموضِ..!!

خاطرة

يصادف الإنسان في حياته كثيراً من الإخفاقات في ممارساته اليومية لا يمكن تصنيفها في خانة الفشل لأنها في حقيقتها إخفاقاتٌ مرحلية لا بد منها أحياناً لبلوغ الغاية. أن تحاول مراراً لا يعني أنك غير قادر على النجاح بل يعني أنك غير قابل بالفشل..

إلى سيادة المطران غريغوار حداد يوم انتقاله إلى دار الخلود بتاريخ الأحد في 27/12/ 2015

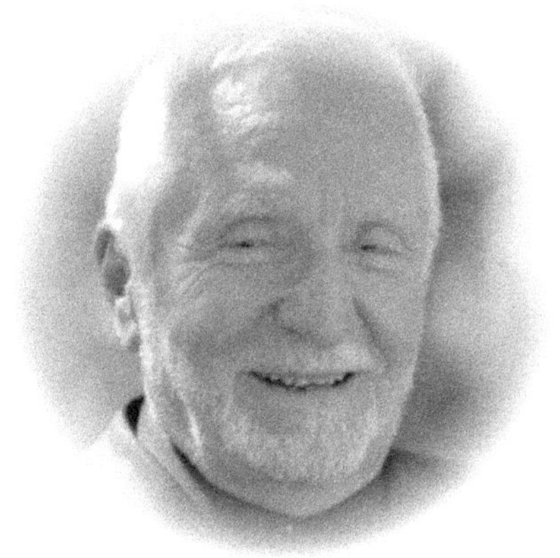

سيدي المطران
غريغوار حداد

أيها المعلم البتول..

لن أودِّعَك اليومَ وكأنك تمضي

إلى خلف جدار الأبدِ

تعباً من الترحال..

لا.. ولن أعددَ فيك المزايا والخصال..

لن أعترضَ على قضاء الله وقدره

بالثورة والنكران..

فما كنتُ يوماً بكافرٍ..

أما وقد توقفَ القلبُ في صدرك
عن الحركة والخفقان..
فلأنك لم ترحمْه سيدي
بل أثقلتَ حمولته بالحب والحنان
وجعلت منه مناراً محرِّضاً
"لينموَ الإنسانُ وكلُّ الإنسان"..
وكان لا بدَّ أن ينتفضَ تعباً ثم يهوي
حين تدقُّ الساعة في عمر الزمان..

لأنك آمنتَ بالانسان وبالوطن،
وحملتَ لواءَ الحرية..
لأنك طالبتَ بدولة تحضنُ الأديان
بديلاً عن الطائفية..
لأنك فضحتَ أصحابَ العماماتِ
في "التعددية الحضارية"
ونشرتَ فكراً يطالهم في مكاسبَ دنيوية..

من أجل كل هذا سيدي
اتهموك بالكفر جهاراً

وتنكروا بقناع الأنبياء..

ولتبرير فِعلهم تساءلوا:

كيف يجنحُ من تسلم رعايةً

كيف يكفرُ من يرتدي زيّ السماء..؟

العهد والوعد لك أيها المعلم البتول..

لن نتمرّدَ أو نثور..

بل سنستنكر ونعمل بتوجيهك الدائم،

بالمعذرة

بالمغفرة

بالمحبة والوئام..

إنه القهر والمكر معاً في تقاليد المعتدين..

ولو كان المحرِّضُ بيننا

في عداد المستنكرين..

سنقف إلى جانبك لنردد معك:

أغفر لهم يا أبتاه..

فإنهم لا يدرون ماذا يفعلون..

أيا سيدي ومعلمي..
ماذا عساي أن أقولَ اليومَ
وقد ضجّ في صدري الكلام..
شباب لبنان في وداعك يبشرون
بولادة الانسان الجديد..
إنه الانتصار الحق
لثورتك
وتعاليمك..
سأكتفي بتحيتك وأعلنُ نجاحَ مهمتك،
فقد أتممت اليوم رسالتك.
فهنيئاً للبنان وهنيئاً لك..!

●

خاطرة

غالباً ما يكون الإنسان ضحية لضغوطات وأمراض نفسية ما يؤدي به إلى ارتكاب الخطأ والإساءة إلى الآخرين في بعض الأحيان. لا شك بأن القلق والتوتر يؤثران مباشرةً في الحالة العضوية هذه. ولتلافي الخطأ، ما علينا سوى الإبقاء على التوتر في أدنى مستوياته..

خاطرة

كلما تقدم بنا العمر كلما ازدادت مساحات الذكريات المرسومة في أعماق ذاتنا. فنستحضرها ونستعيد منها مواقف زاهية وأخرى بائدة وأكثر منها خائبة.. ونتمنى لو يعود بنا الزمان إلى الوراء لنعيد بناءها بما يحقق لنا السعادة التي نشتهيها. محاولة مستحيلة دون شك.! فالسعادة هي أن نعيش اللحظة بما فيها واتخاذ الموقف المناسب أياً كان دون تردد. فإن كنا نؤجل الموقف بانتظار ما سيحمله الغد من ظروف أفضل، فالحياة تكمل سيرها ونبقى نحن في قاعة الانتظار..

يعقوب عمش "أبو جليل"
في ذكرى الأربعين على رحيله

2016/01/24

عرفتُه بما فيه.. وعرفتُه بما يحدثون عنه..

رايةً للحق مشدودة ، نموذجاً حراً للوفاء..

يسعى إلى خير قومه

عاملاً يدفن النفاق في بئر الفناء..

أبو جليل.. عرفتُه كما عرفَه الكثيرون..

مسافر يحمل آلام الوطن

على منكبيه.

مناضل على كل الجبهات..

في القلب والفكر والميادين

محبط لما حفرت في شعبه

أشواك المحن.

هائم في فضاء العالم،

يفتش عن وطن..

عشق الأرض وتيّمه الهيام

وكأي عاشق يحلم بيوم اللقاء،

عاش منتعش القلب مغرداً..

ينادي الحبيبة من وراء البحار.

ناضل من أجلها وانتظر طويلاً

لكنه رحل دون اللقاء..

ليطبع على جبينه كالآخرين من رفاقه

همٌ وغمٌ وتشريدٌ وشتات..

*****

أنا ما جئت لأعدد مزايا الراحل الكريم، إذ مهما قلت فيه لن أضيف شيئاً على ما يعرفه أصدقاؤه والمحبون.. إلا أنني أردت الإضاءة على جانب الأدب والشعر في شخصيته، حيث كانت له فيه محاولات مؤثرة لما انطوت عليه من وجدانيات معمقة هادفة. رب يوم سوف يأتي وترى كتاباته النور.. وهكذا سيتسنى لكل من عرفه وأحبه أن يذكرَ ويتذكرَ: فالذكرى تعيد إلى وجداننا "أبا الجليل"..

●

خاطرة

كنا نعتقد بأن التعلق بالألقاب الزائفة في مجتمعاتنا هو من صنع الأجنبي الذي استعمرنا لسنوات طويلة. ولكن عندما خالطنا الأجانب من مختلف الجنسيات، عزفنا عن هذا الاعتقاد واقترب بنا الظنُّ إلى أن الألقاب، أياً كانت، ليست سوى أوسمةٍ للحمقى، أما العظماء فهم ليسوا بحاجة لغير اسمهم..

خاطرة

السعادةُ هي أن نعيشَ اللحظة بما فيها من عناءٍ وشقاءٍ وعدم التأجيل بأمل بلوغ لحظات أنقى وأجمل، لأن الحياة لا يمكن أن تنتظرَ ما قد يحملُ الغدُ وإلاّ بعدتْ المسافاتُ وضاعتْ أحلامُ اللحظاتِ في الانتظارِ..

كلوفيس مقصود.. آخر الأوفياء المؤمنين.

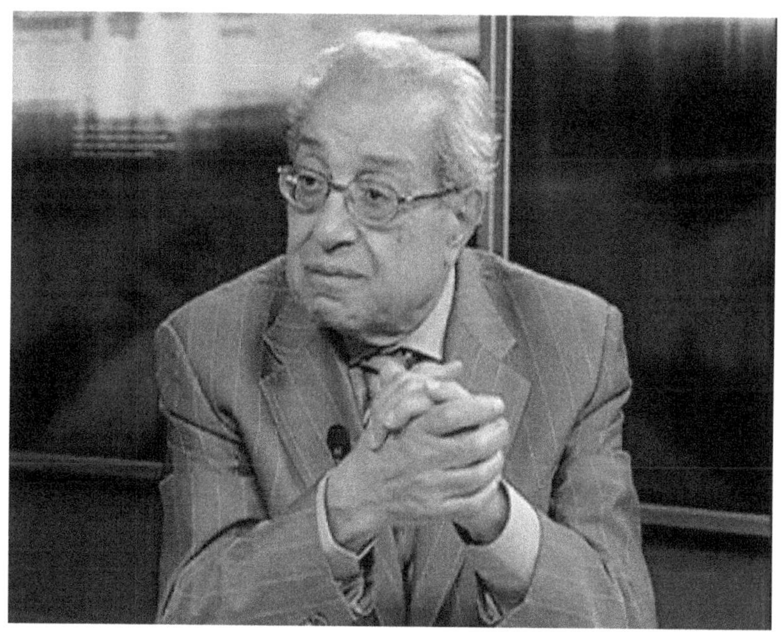

2016/05/25

غني عن كل الألقاب والأسماء.. لأنه الاستثناء..!
لم تستهوِه المناصب وقد احتلّ أعلاها..

في الأربعينات من القرن الماضي، رافق كمال جنبلاط خلال فترة تأسيس الحزب التقدمي الاشتراكي.
وفي الخمسينات برز كوسيط توفيقي من أجل المصالحة الوطنية في أعقاب الحرب الأهلية اللبنانية.

وفي الستينات كان أول سفير لجامعة الدول العربية في الهند في عهد آل نهرو وأنديرا غاندي.
عمل في هيئة تحرير جريدة الأهرام المصرية في عهد الرئيس جمال عبد الناصر ومن ثم رئيساً لتحرير ملحق "النهار" الأسبوعي اللبناني.
وفي أيلول من العام 1979 عين رئيساً دائماً لبعثة جامعة الدول العربية لدى الأمم المتحدة. وقد استقال من منصبه في الجامعة على أثر اجتياح العراق للكويت في آب 1990، لشعوره باستباحة كرامة الأمة..
إن تعدد المراكز والمواقع التي تبوأها كلوفيس مقصود، لم تزده إلا تأكيداً وإصراراً على استمرار النضال من أجل الحق العربي الذي تواجهه التحديات من كل صوب. فانتقد الأنظمة العربية الحاقدة على شعوبها كما انتقد الانهزام العربي الذي استبدل بما أسموه "الواقعية" ويكاد ينفرد، بما اكتسبه من كمال جنبلاط وأنديرا غاندي وجمال عبد الناصر، بالصبر وطول الأناة: مدققاً في كل كلمة يستخدمها، واضحاً في كل موقف يتخذه، ومستقيلاً متى كانت الاستقالة تعني كرامة الأمة..

أخذت الكثير عن الدكتور كلوفيس مقصود، خاصة في التحليل الموضوعي وأدب الحوار، وقد كانت معالجاته الفكرية في أكثر من مناسبة حافزاً لي قوياً اضطرني إلى إعادة النظر والعودة إلى الينابيع. فإنني وإن كنت لا أوافقه الرأي في كثير من طروحاته الفكرية (بكل احترام

وتواضع)، خاصة فيما يتعلق بالنظام العربي وما يدور في فلكه، إلا أنني أؤكد جازماً على أن ذلك يصب في مصلحة وإغناء الموضوع الذي نكون بصدده. كنا نختلف بالرأي الذي يثير الغضب ربماً ولكننا نعود ونتصالح في كل مرة مع تأكيدنا على ضرورة الحوار الحضاري الكفيل وحده بحل كل الإشكالات الفكرية.

ويحضرني هنا رأي كان يردده الراحل الكبير إذ يقول: "من حق كل عربي أن يغضب إزاء ما يواجهه من تحديات ومحاولات لاغتصاب أرضه وموارده وربما وجوده.. إلا أنه يجب ألا يتحوّل الغضب إلى حقد. فمع الغضب يُفتح باب الحوار مما يؤدي إلى الإقناع أو الاقتناع.. إلا أن مع الحقد فتوصد بوجهه كلُّ الأبواب.."

في هذا السياق تجدر الإشارة إلى أنه كانت تجمعني بالدكتور كلوفيس، إلى جانب الصداقة الشخصية والاحترام المتبادل، "زمالة" أو قل صداقة مهنية رافقت صداقتنا الشخصية منذ انطلاقتها وتعززت يوم أصدرت جريدة "الجالية" في مدينة تورنتو وكان هو المشجع الأول والمساهم الأكبر بحيث خصص مقالاً دورياً لكل عدد من أعدادها لم يتوقف إلا مع توقف الجريدة نهائياً عن الصدور. ففي هذه المرحلة، وهي تزيد على العشر سنوات، كنت على اتصال يومي بالدكتور مقصود، المقيم في واشنطن، حيث كانت تدور بيننا شتى أنواع الأحاديث الشخصية والفكرية وكنت أستمع إلى آرائه وتحليلاته السياسية على ضوء المستجدات داخل العالم العربي وخارجه. ومما لا شك فيه

أن سهولة الإتصالات والمواصلات بين تورنتو وواشنطن لعبت دوراً هاماً في تقريب وجهات النظر وتعزيز الثقة المتبادلة مما دفع به إلى تكليفي بكتابة مذكراته عندما قرر إصدارها. وللأمانة أقول أنه لشرف أدعيه أن أحصل على ثقة هذا الرجل الكبير لأن من يعرف كلوفيس مقصود يدرك تماماً رزانته وصلابة رأيه وأدبياته فيما يفكر ويقول: صادقٌ دون تكلف وصريحٌ دون تجريح، بليغٌ دون مبالغة ومصوبٌ نحو الهدف دون مجاملة أو مواربة.

أضيف هنا: إن "مغامرة" كتابة المذكرات التي نشرت في كتاب "من زوايا الذاكرة" لم تكن سهلة على الإطلاق لغزارتها وتعقيداتها، بالرغم من أنني لم أكتب سوى بعض فصولها وفقراتها، ولكنها كانت بالنسبة لي تجربة فريدة ومتعة نادرة إذ كنت أدون مذكرات ليست مذكراتي فضلاً عن أنه ليس بالأمر السهل، لأي كان، أن يتعامل مع قامة كبيرة في العلم والفكر والخبرة، كقامة كلوفيس مقصود..

في كل مرة كنا نلتقي، في تورنتو أو في واشنطن، كان د. مقصود يزيدني معرفة واطلاعاً بما خبره من وقائع الأيام وأحداثها خاصة فيما يتعلق بالصراع العربي الإسرائيلي الذي يزداد تأزماً وتشنجاً يوماً بعد يوم، وهو يعتبره المحور الأساسي لكل عمل نهضوي عربي. صحيح أن الحراكات والانتفاضات التي قامت في العالم العربي حررت إلى حد ما الشعوب العربية من الخوف، إلا أنها أكدت حقيقة كانت إلى حد كبير مغيّبة وأصبحت اليوم حاضرة وراسخة في أذهان الكثيرين، وهي في تجاوز الشعارات البراقة الرنانة إلى

تحمل مسؤولية طرح البدائل وتعريفها. ويضيف د. مقصود: "هذا الغليان الثوري يحتاج إلى إطار ينظمه ومرجعية موثوقة توجهه وتدير مساره".

والأكثر من ذلك فإنه يعتبر أن أي تغيير باتجاه الوحدة العربية وإقامة النظام العربي البديل، لا يمكنه أن يتحقق في ظل الاحتلال الإسرائيلي الصهيوني. ذلك أن مشروع إسقاط الأنظمة العربية القائمة والسير باتجاه وحدة عربية ديمقراطية، هو المشروع النقيض للمشروع الصهيوني المتمادي على الأرض العربية في فلسطين. وهذا يعني وجوب استرجاع مناعة المقاومة وثقافتها بما تعنيه من أساليب سياسية ودبلوماسية وفي طليعتها خيار مقاطعة إسرائيل.

هذا هو كلوفيس مقصود في بداياته كما في مراحل نضاله الطويل حتى يوم الرحيل في 2016/5/15، هذا اليوم الذي تقاطع مع ذكرى نكبة فلسطين. لقد أثقل قلبه وعقله التراجع العربي الآخذ بالتمادي وأيقن أنه خسر الرهان على النهضة العربية التي كان ينتظرها منذ العام 1948. وبدل من أن يعترف بالانكسار والخيبة، فضّل الرحيل إلى عالم يسوده الوقار ولا مكان فيه للسقوط والانحدار..

إذا أجيز لي أن أعدد صفات الراحل الكريم بكلمات أقول: إنه المناضل العنيد وآخر الأوفياء المؤمنين في قافلة الرعيل الواعد الذي لا يمكن أن تختصره الكلمات..

●

خاطرة

•

إن أقربَ سبيلٍ لبلوغِ السعادةِ هو في كفكفةِ دمعِ المحرومين وهديِ الضالين إلى صوابهم. إن أُعطينا محبةً فلكي نمسحَ الحزنَ عن وجوهِ البائسين لتعلوَ البسمةُ في إشراقةِ الأملِ. وهل أجملُ من الابتسامةِ حين تشق طريقها وسط الدموع..؟

د. حسن البعيني.. والحقيقة الموثقة

2019/03/26

تتوزعُ ذبذباتَ الفكرِ الإنساني في حياة كلٍ منا بين ذاكرتين إثنتين، الفردية والجماعية. ففي الأولى لا يرى المرء فيها سوى شريطٍ من الصورِ والذكرياتِ المحببةِ لديه متوزعةٍ على مراحلَ عمرِه وسني حياتِه. وأبرزُ ما في هذا الشريط أن ترى ذاتك في كل موقفٍ، متلبساً لأدوارِ البطولةِ المطلقةِ وكلٌّ من هم حولك يدورون في فلكٍ أنت فيه القائدُ والسلطان.. أما في الثانية، أي في الذاكرة الجماعية، يتعدى المرءُ ذاتَه ليكتشفَ ويكشُفَ المكوناتِ الأبعدْ والأعمقْ في المكانِ والزمان، بجمالِها وقبحِها، بقربِها وبعدِها، بأبعادِها وألوانِها وانعكاساتِها سلباً أو إيجاباً.. وهنا تتَّسعُ الدائرةُ وتكبرُ المسؤوليةُ..!

والعاملون في تطهيرِ الذاكرةِ الجماعيةِ في أيِّ مجتمعٍ من مجتمعاتِ العالم، هم المؤرخون عادةً وبعض القادةِ العسكريين أو السياسيين الذين ينهون مرحلةَ انشغالِهم اليومي المهني ويتفرَّغون لكتابةِ مذكراتِهم والإشارةِ إلى دورِهم الرائدِ في الأحداثِ التي تتألفُ منها المذكرات. ولا غرابةَ في مثلِ هذا النوعِ من المذكراتِ أو الذكرياتِ، أن ترى كاتبَها متقمصاً أدوارَ البطولةِ اللامعةِ التي يوصفُها بالواقعيةِ من دون أن يغفلَ عبارةَ (بتواضع) والتي كان لا بدَّ منها، كما يزعمُ، لضرورةِ الموضوعيةِ في نقلِ الموقف..

خلاصةُ القولِ إنه إذا كان لمذكراتِ القادةِ العسكريين والسياسيين بعضُ الأهميةِ التاريخيةِ إلا أنه لا يمكنُ الاعتمادُ عليها واعتبارُها مرجعاً تاريخياً. فالذاكرةُ الجامعيةُ منوطةٌ إذن بالمؤرخين المتفرغين أصحابِ الاختصاصِ في مراجعةِ الوقائعِ والأحداثِ وكتابةِ التاريخ. ومثلُ هذا الدورِ لا يأتيه إلا الباحثُ صاحبُ الجلدِ العلمي والملمُّ بقواعدَ اللغةِ ومفرداتِها الغنيةِ ذلك أن بعضَ من تُلصقُ بهم صفةُ التأريخِ من دونِ استحقاقٍ، يكونون في أغلبِ الأحيانِ عرضةً للأهواءِ والنزعاتِ السياسيةِ أو الطائفيةِ فيجنحون بكتاباتِهم غيرِ الدقيقةِ، عن قصدٍ أو غيرِ قصدٍ، إلى التضليلِ بدل التصويب..

كان لا بدَّ من هذه المقدمةِ للإنتقالِ منها إلى صديقِنا المؤرخِ الدكتور حسن أمين البعيني الذي قطعَ، بمطالعاتِه الواسعةِ وتحقيقاتِه الميدانيةِ الكثيرةِ، أشواطاً بعيدةً في البحثِ والتنقيبِ بحيث باتَ أستاذاً رائداً ومدرسةً نموذجيةً يتطلَّعُ إليها كلُّ راغبٍ في المجال.. فهو العالمُ والباحثُ في خفايا التاريخ والمدقِّقُ بكل كبيرةٍ وصغيرةٍ دونَ كللٍ أو مللٍ، وهو ينتمي إلى فئةِ المؤرخين المتخصصين الذين أنيطتْ بهم الذاكرةُ الجماعيةُ. ومن الطبيعي أن ينكبَّ كلُّ مؤرخٍ بهذه المواصفات، كما فعل د. حسن، على دراسةِ واقعِه الاجتماعي بحيثُ يبيِّنُ خصائصَ المجتمعِ الذي ينتمي إليه بالإشارةِ إلى واقعِه الجغرافي والديمغرافي والمكوناتِ التي يتألفُ منها بالإضافة إلى عاداتِه وتقاليدِه، ذلك أن العاداتِ

والتقاليدَ الشعبيةَ أو الاجتماعيةَ، ليستْ مادةً منفصلةً عن تاريخِ الشعبِ أو المجتمعِ، بل ملازمةً له في قيمِه وآدابِه وفنونِه ومختلفِ نواحي الحياة. وتبرزُ بالتالي بأوضحِ صورِها، في كلِّ ما يأتيه شعبٌ معينٌ في أنماطِ سلوكِه الاجتماعي، لتصبحَ الخصوصيةَ التي تميزُه عن غيرِه من المجتمعات.

كانتْ للدكتور حسن أمين البعيني، بصماتٌ نافرةٌ في البحثِ والتنقيبِ عن التراثِ اللبناني وما يتَّصلُ به في محيطِه المشرقي العربي، وكان شغوفاً بكشفِ النقابِ عن تاريخِ الموحدين الدروز السياسي في عهدِ الانتدابين الفرنسي والبريطاني ولا سيَّما أنه لم تحْظى طائفةُ الموحدين بدراسةٍ كاملةٍ من هذا النوع. هذا من جهةٍ ومن جهةٍ أخرى لأنَّ الأبحاثَ والدراساتِ عن فترةِ الانتدابِ تكتسبُ أهميةً كبيرةً لما تخدمُ فهمَ ومعالجةَ الحاضرِ والواقعِ الذي نعيشُه اليومَ.

وانطلاقاً من هذه المعادلةِ، تسنَّى للدكتور حسن الإطلاعَ على العاداتِ والتقاليدِ اللبنانيةِ، ليس من الواقعِ اللبناني وحسبْ، بل أيضاً من واقعِ البلادِ المتاخمةِ للبنان والتي لا تختلفُ عنه بكثيرٍ في عاداتِها وتقاليدِها وقد تراءتْ له جليةً من خلالِ دراستِه العامةِ لتاريخِ المنطقةِ السياسي. فاستنْبطَها وكَشف عنها في أكثرَ من مؤلفٍ لتكونَ مرجعاً علمياً في متناولِ كلِّ دارسٍ أو راغبٍ في المعرفةِ.

نذكرُ هنا بالإشارةِ إلى واقعِ المشرقِ العربي الذي كان محطَّ أنظارِ المستعمرِ منذ الحرب العالمية الأولى، ولا يزالُ، كيف تمكَّنتْ بريطانيا من طردِ العثمانيين من الأرضِ

العربيةِ بمساعدةِ حركةِ التحررِ العربيةِ التي ضمَّتْ الثائرين من العراق ولبنان وبلادِ الشام ومن ثم انقلبتْ عليهم باستخدامِ الحيلةِ والتنكيلِ بوعودِها. وقد تجلّتْ المؤامرةُ يومَ عملتْ فرنسا وبريطانيا، بمباركةٍ روسيةٍ، على تنفيذِ اتفاقيةِ سايكس - بيكو المتعلقةِ بتقسيمِ الأرض وتوزيعها إلى مناطقَ نفوذٍ حيثُ تمكّنتْ من انتزاعِ الحقوقِ الوطنيةِ من أيدي أصحابِها، وعملتْ على إزكاءِ الأحقادِ والنعراتِ الطائفيةِ والمذهبيةِ حتى نجحتْ في إقامةِ الشرخِ بين فئاتِ الشعبِ الواحد..

د. حسن أمين البعيني، الذي هالَه المشهدُ العربيُ المتراجعُ، كان أحدَ هؤلاءِ الباحثين الذين انكبّوا على دراسةٍ شاملةٍ لتاريخِ المنطقةِ وهو لم يكتفِ بما سمعَ أو قرأَ من مؤلفاتِ الدارسين الذين سبقوه، بل قامَ بجولاتٍ ميدانيةٍ مباشرةٍ واستطاعَ، بما شاهدَه وجمعَه من معلوماتٍ، أن يتطرّقَ إلى جوانبَ عديدةٍ لم يتناولْها غيرُه،

الأمانةُ والصدقُ توأمان من بذورِ الإيمانِ وبهما يتخطّى المرءُ حدودَ العناوين والمصطلحاتِ في إبداعاتِه كما فعل صديقنا د. حسن أمين البعيني، حيث ضمّنا إلى ورشةِ التفتيشِ عن الحقيقةِ في صناعة التاريخ، وأدْخلَنا في متعةِ الإبداعِ التي رافقتْ بصماتِه الخالدة..

خاطرة

هكذا هي الحياة عندما نستسلم لأقدارها. نبكي ظلمها ونحيا هناءها بدون إرادة أو تصميم منا. من هنا كانت الدعوة لتوجيه الإرادة لما يحقق الآمال التي نسعى إليها، وليس انتظار الصدفة التي قد تأتي بما لا نشتهي..

خاطرة

سمعنا في الأيام القليلة الماضية، كثيراً من التمني والدعاء والتضرّع إلى الله، بأن يحمل العام الجديد إلى عباده خير المسرّات والبركات. وكأننا كالأطفال، ننتظر "سانتا كلوز" ليوزع علينا هدايا العام الجديد من فرح وأمل وسلام وما شابه.. الغريب أننا نعيش تجاربنا، عاماً بعد عام، ولا نتعلم منها شيئاً ولم نكتشف بعد بأن مثل هذه الهدايا لا تأتينا من الخارج وإنما تولد فينا وتخرج إلى الحياة..

في تكريم الشاعر ذوقان عبد الصّمد

2017/01/28

أيها الحفل الكريم،

يسرني، في مستهل كلمتي أن أتقدم بالشكر، باسم مركز التراث العربي، من جميع الذين لبوا الدعوةَ اليوم إلى هذه الأمسيةِ النادرة. كما يسعدني أن أنوه بالمنبر المفتوح لأمسيات شعرية وبالجهود التي يبذلها كل من الصديقين الشاعرين الأستاذ محمد رباح والأستاذ رضوان أبو فيصل، في خدمة لغتنا وتراثنا الفكري.. وفي هذا من الأهمية لما يعزز حضورنا في كندا، بين الجاليات المتعددة ومختلف الشرائح الاجتماعية.

يؤسفنا أن يشكك البعض بأهمية إحياء التراث ونشره في المجتمعات الجديدة إذ منهم يقول: لماذا التفتيش في خبايا الماضي على مآثر قديمة ننشرها اليوم في عالم التقدم الصناعي والتكنولوجي؟.. وآخر يقول: إن الإبداع العربي معطل منذ زمن بعيد ولم يعد يقوى على مجاراة التطورات المعاصرة.

وللرد على المشككين نقول: نوافقكم الرأي بضرورة مجاراة العصر في تقدمه وتطوره ولكن علينا أن نعمل من منطلقات مبدئية ثابتة تكفل استمرارنا في صناعة التراث، إذ لا يمكننا القفز إلى المستقبل إن لم تطأ أقدامنا أرضاً صلبة، ولا يمكن أن يكون لنا تراث من العدم..

وأما القول بأن الإبداع العربي معطل، فهذا من باب الجهل حتماً إن لم يكن افتراءً. ذلك أن دراسة معمقة في هذا المجال تشير إلى وجود آلاف المتفوقين الفاعلين من الجنسيات العربية المختلفة كالأدباء والفلاسفة والعلماء والمخترعين والمكتشفين.. وإذا أجيزَ لنا تصنيف هؤلاء العباقرة المبدعين نقول: إنهم صانعو التراث العربي في العصر الحديث.. حتى أن الكشف عنهم يعتبر عملاً تراثياً متفاعلاً، لأن التراث لا يتوقف عند زمن معين، بل هو مستمر مع استمرار الجنس البشري لكونه مساهمة فاعلة في حضارة بني الانسان. وهنا يكمن فخرُنا واعتزازُنا بإنجازات مبدعينا..

ونحن، إذ نكرّم اليوم الصديق الشاعر ذوقان عبد الصمد، إنما نسلط فيه الضوء على نموذج حي لما نقول، إذ عرف ذوقان كيف يحمل تراث الماضي إلى حاضر جميل لينتقل به إلى مستقبل يشع بالآمال والأحلام.

فمن شغفه وتعلقه في بلدته "عماطور"، ولدت علاقته بالأرض..ومن خلال هذه العلاقة خاطب كل الوطن..

وطن، أحبه وتغزّل بمفاتنه كالعاشق المتيم بحبيبته.. حلم به وعياً وارتقاءً فحمل شموع الأمل لتضيء له الطريقَ إلى التحول الكبير ..

وعلى مدى أكثر من نصف قرن، استطاع ذوقان أن يَقهرَ الملل واليأس، بإيمانه وعناده وصلابة قلمه. وتراه اليوم يتابع السير على ذات الطريق، يراوده ذاتُ الحلم الجميل وقد أيقن أن الطريق إلى نهايته يطول ويطول..

"ما بعد المحيط" هو الديوان الشعري التاسع عددياً والثالث في مؤلفات الاغتراب بعد انتقال شاعرنا للإقامة في كندا. وقد صدر مؤخراً ليضاف، في المحتوى والمستوى، إلى العائلة الـ"ذوقانية" التي سجلت، بوهجها وصدقها، أبهى آيات الجمال والإبداع..

إن ما يثير فيك الإعجابَ والدهشة وأنت تقرأ ذوقان عبد الصمد، ذلك التناسق العجيب الذي يربط به فصول قصيدته أو فقراتها التي تضج بالحياة والحيوية. وكأن بهذا الربط المتقن ما يشد القارىءَ إلى الالتصاق بعالم الشاعر، فيقترب منه وكأنه شاهد حي على ما يرى ويسمع ويتحسس..

من حق الشاعر أن يرقى بخياله إلى موطن الوحي كما لكلماته أن تسموَ إلى عالمٍ يطفو عليه الجمالُ.. فعندما تضجُّ نفسُ الشاعر بإدراكٍ مميزٍ وإحساسٍ متفوقٍ، يبدو هذا العالم الذي اتسعَ مداه إلى ما يتعدى الحواسَ الخمس القاصرة، وكأنه يضيقُ برفِّ جناحيه اللذين يحلقان إلى الأبعادِ الأبعاد.. وصديقنا الشاعرُ ذوقان عبد الصمد، الذي كانتْ له تسجيلاتٌ جماليةٌ متعددة، يذهبُ باتجاه هذه الأبعادِ التي لم تُرسَمْ معالمُها بعد وكأنها تبصرُ النورَ مع تأملاته الفلسفيةِ ونفحاتِه الوجدانيةِ، ومن قبل أن تولدَ.. تتنشقُ الحياة.

وأهمية الشاعرِ في ذوقان عبد الصمد، ليست فيما يقدم من إبداع تصويري في أبياته الراقية ومعانيه السامية وحسب، وإنما في بناءِ الهيكل الأصيل لتلك المعاني، هذا الهيكل الصلب الكفيل بحراستها حفاظاً عليها من الضياع أو السقوط. فهو لم يرقْ له التفلتُ من قيود الوزن أو القافية

الذي أطلقته "الحداثة العابرة" بل ظلّ على التزامِه بعروض الشعر وقواعدِه الإبداعيةِ التي لا يجيدُ استخدامَها إلا العاشقُ للأصالة..

إن الحداثة في الشعر العربي تشبهُ إلى حدٍ كبير "الواقعية العربية" في عجزها واستسلامها للأمر الواقع. وكذلك تبريرُ اللحاق بركب الحداثة، فهو يشبه تبريرَ الالتصاق بالواقعية، الذي يصوّرُ الحداثة وكأنها مظهرٌ من مظاهر الإرتقاء الفكري أو التطورِ الحضاري أو الثورةِ على التقاليد..

القوالب الشعرية ليست، في أي حال، بأكثرَ أهميةٍ من المضمون أو الفحوى الهادفِ الذي يعالجه الشاعر، حتى أن النثرَ أحياناً، في تعدّيه للرؤية الوجودية المألوفة، قد يتضمنُ من الخيال والموسيقى والصورَ ما لا يستطيعُه الشعرُ أحياناً، غير أنه يبقى في حدودِ الإبداع النثري الذي لا يقلُّ أهمية عن الإبداع الشعري.. وما يهمنا في هذه الإشارة ليس غيابُ الوزن والقافية عما يسمى بـ "الشعر الحديث" وإنما ما يعتري هذا "الشعر" من إبهامٍ وغموضٍ ويتركُ البابَ مفتوحاً لكل قارىء لفهمه كما يشاء.. وهذا هو الشركُ الأكبرُ! ذلك أننا بحاجة لفهمِ ما نقرأ وليس لقراءةِ ما نريد أن نفهمَ، تحديداً في هذا العصر الذي اختلطت فيه المفاهيمُ والنظريات وكثرت بوجهنا العراقيل والتحديات.. نذكّرُ هنا، في مطلع الخمسينات من القرن الماضي، كيف اجتاحت العالم العربي ثورةٌ عارمة على العادات والتقاليد والثوابت الوطنية، بتوجيه من الاستعمار الغربي، ومن ورائه إسرائيل، بهدفِ توجيه الأنظار عن الجرائم التي ترتكب

بحق الوطن والمواطن، وإعطاءِ كل مظهر جديد تبريراً مضلِلاً باسم الحداثة أو التطور. وكأن التبشير بالحداثة، هو إنذار لنا للإقلاع عن التعلق بقيمنا وتراثنا وثوابتنا، وفي طليعتها التخلي عن حقنا القومي في مواجهة الانحلال الاجتماعي والانحراف الوطني الحاصلين على أرض الوطن. وبمعنى آخر كان الترويج للحداثة، في أي مجال كان، يرمي إلى إلهائنا بالقشور وصرف نظرنا عن المؤامرة المدبّرة لمصادرة مواردنا الطبيعية والتحكم بقراراتنا المصيرية..

وقد نال الشعر قسطه من هذه الحملة المضلِلة وجاء من يبشر بالحداثة الشعرية على أنها انقلاب على التقاليد وفتح جديد لما أسموه لاحقاً "الشعر الحديث" ومنه الشعر المنثور أو النثر الشعري.. وقد تكون هناك تسميات أخرى مما لست أدري!

لقد آثر شاعرنا ذوقان البقاء في أحضان "التقليد والتخلف" على الانزلاق في متاهات الحداثة التي لم تعرفْ لذاتِها حدوداً بعد، تماماً كما فعل المقاومون الأحرار الملتزمون والرافضون للغرق في مستنقعات "الواقعية". وكأني به ينادي من وراء البحار على كل المحافظين الملتزمين، رفاقِ شعره ونهجه، ليؤكدَ التزامَه وثباتَه في موقع الأصالة، مقاوماً رياحَ الاستسلام وأمواجَ الانحرافِ، مستخدماً الحداثة والتجددَ في معانيه ومبانيه الصلبةِ الواضحة..

وهنا يمكن القول أن شاعرنا، الذي عايش المرحلة "المخضرمة" على امتداد النصف الثاني من القرن العشرين

وقد اعترتها البلبلة الفكرية والاجتماعية، كان يعاني من الخضوع الذي أصاب بعض الشعر والشعراء والذي يعكسُ بما لا يقبل الشك، عجزهم وتقصيرهم في نظم الشعر وبالتالي خروجَهم عن النهج القويم الذي يُعرف به كبار الشعراء..

اسمحوا لي هنا أن أختم بكلمة أوردتها في تقديم ديوان "ذاكرة الغياب" الذي صدر لشاعرنا ذوقان عبد الصمد في العام 2010، إذ قلتُ:

يعيشُ شاعرنا بإنسانِه وأنفاسِه بيننا، يقرأ كتبَنا ويتكلمُ لغتنا ويجالسُ جمعَنا ولكنه.. لا بريقَ "حداثتِنا" يوهِجُه، ولا شكلَ "ارتقائِنا" يحرّضُه، ولا الثورةَ على تقاليدنا تؤرقه..

ذوقان عبد الصّمد، هو طائرٌ يغرّدُ في غيرِ سربِه وشاعرٌ معاصرٌ لغيرِ عصرِه..

●

خاطرة

عمر الإنسان أشبه بكتاب يبدأ بالمقدمة وينتهي بالخاتمة مروراً بالفصول المتعددة . أما الفرق بينهما أنه يمكنك العودة في الكتاب إلى أي فصل تريد وفي أي وقت تشاء بينما يتعذر ذلك في أعمار البشر.. فلا يستطيع الإنسان أن يستعيد مرحلةً مضتْ لحذف أخطائها وخطاياها وإن كان عليه أن يحصّن ذاته لتلافي وقوعها لاحقاً في مواجهة التحديات..

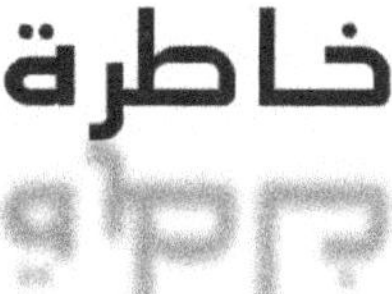

•

ليسَ الجمالُ أنْ نرهِقَ الآذانَ بطبولِ المواعظِ والنصحِ، بل أن نعملَ كالحياةِ في عطائِها دونَ عزاءٍ أو رجاءٍ.. من لا يسيرُ في مواكبِ الحياةِ، فهو غريبٌ شرودٌ يسيرُ من زوالٍ إلى زوالٍ.. وما أتعسَ أن يتحسَّسَ الإنسانُ زوالَه، فهو كالميتِ غيرِ المدفون..

المحامي عارف يوسف الأعور
في الذكرى العاشرة على رحيله

2017/06/17

عقدٌ من الزمنِ انقضى
على رحلةٍ، قالوا عنها "خاتمة"..
وكأن الروحَ يكفيها دورٌ لبلوغ مآربها..
وقد فاتهم
أن جناحَ النسرِ لا ينطوي
رغم سيولِ العاصفة..

فالـ"عارفُ" المؤمنُ بما ضلّ عنه
كثيرون،
يسير إلى الموت زاهياً
ليعبرَ درجاتِ الترقّي
باتجاه عرى التوحيد..
والموتُ بأي حالٍ ليس نهاية
وإنما شكلٌ آخرُ للعمرِ المديد..

ثوابُ المرءِ أن يُذكرَ
بأفعاله
وأن يتذكّـرَه عارفوه
بخِصاله..
وهكذا يحيا بالذكر من رحلْ
بالحب.. بالوفاء.. بالأملْ..
فالذكرُ للراحلِ عمرٌ جديـد..

هنيئاً لِمن شاهدَ واستأنسَ وتبلّغ وبلّغَ،
لمن تأمّلَ واعتبرَ وسما وتسامى..

لا خوفَ عليك أينما حللْت
أيها العارفُ الحبيب..
فمن عمَلوا الصالحاتِ في الحيواتِ الدنيا
توحدوا بالله ومنه يستقون..

●

خاطرة

راودني منذ أيام شعور غير مألوف كاد يحملني إلى البعيد البعيد! إلى عالمٍ حرٍ لا يعرف الفساد والفجور.. خِلته حلماً في يقظة العمر أو هذياناً من الجنون يشدّني للإبتعاد عن عالم الشر والفساد الذي أعيشه، ولكن أسفاً أقول، لم تحملني قدماي بل أفقتُ من الحلم قبل أن تسطعَ شمسي في غدٍ قد يكون جميلاً ..

خاطرة

يتذمّر البعض من سوء الحظ عندما يصادفون فشلاً في الحياة وكأن في اللجوء إلى الحظ وتحميله أعباء الفشل ما يخفف عنهم الشعور بالذنب أو التقصير. فإن لم تعالج أسباب الفشل منعاً لتكرارها، عبثاً نتطلع إلى النجاح إذ لا يقاس فلاح المرء بما يبلغه من مواقع في الحياة، وإنما بالصعاب التي يواجهها ويتغلب عليها..!

التوحيد ملاذ المؤمنين من كل مذهب أو دين..

2017/05/01

في مستهل هذا المقال القصير، يهمني أن أؤكد للقارئ الكريم أنني لست بصدد الغوص في شرح فلسفة التوحيد التي يقوم عليها دين الموحدين (الدروز)، ولا بصدد الإضاءة على تاريخهم الذي تناوله كثيرون أو ترداد ما يكتب عن عاداتهم وتقاليدهم ومواقفهم، وإنما لمحاولة فهم القصد الذي ترمي إليه تلك الفلسفة وكيفية التمسك بها في علاقة الإنسان بالله، كما في علاقة الإنسان بأخيه الإنسان من أي مذهب كان أو دين. وإذا كان لا بد من الإشارة في هذا المجال إلى ما تعرّض له الموحدون، عبر التاريخ، من اضطهاد وتكفير، نطرح السؤال التالي في ذكرى الألفية الأولى على قيام الدعوة لنقول: كيف يمكن أن يُضطهد أو يُنبذ من جعل الحكمة الشريفة وسادتَه وتوحيد الباري تعالى هدفَه للوصول إلى الإشراق والعرفان؟ بل كيف نفسر البلبلة الفكرية التي أصابت الموحدين أنفسهم وجعلت منهم فرقاً تتنافس وتتخاصم وتتقاتل أحياناً..؟ إلا أن الثابت لدينا أن فهم الحكمة اختلط على كثيرين وكذلك فلسفة التوحيد، فراح بعض أصحاب الإدعاءات يسوّقون لقشور التفسيرات المستوردة دون المساس بأعماقها وجوهرها ومن دون أن يعرِّفوا (وهم بالطبع لا يعرفون) بمذهب التوحيد على أنه

مذهب فلسفي عرفاني، مما أدى إلى مفاهيم مغلوطة تناقلتها الأجيال على أنها الحقيقة وإذا بالحقيقة سرٌ لا يدركه إلا قليل من المثقفين ذوي الاهتمام الأكاديمي الذين تسنى لهم الإطلاع والمراجعة بقصد العلم والمعرفة وليس بدافع العصبية الدينية..

ومن غير أن نتوسع في الأصول الفلسفية لمعنى التوحيد وارتباطه بالفلسفات الأخرى (وهذا ليس من اختصاصنا) نشير إلى ما هو شائع لدى الباحثين المتعمقين في هذه الفلسفة، بأن التوحيد يرتبط بمعنىً أساسي بارز هو توحيد الخالق كلياً بما خلق بحيث لم يتعالَ عما خلق بل حلّ به لأنه علة لكل موجود. هو المعنى ذاته لدى مذهب الصوفية ويعرف بـ"الحلول". ويبدو التوحيد بهذا المعنى واضحاً في الآية القرآنية التي تقول: "قل هو الله أحد، الله الصمد، لم يلد ولم يولد ولم يكن له كفواً أحد". كلمة الـ "أحد" هنا تعني أن الله وحده لا شريك له. فلو كان "ليلد" أو بالمعنى السائد "ليخلق"، لكان هو الأول وكان ما يخلقه ثانٍ وثالثٍ ورابع وإلخ.. لكن الآية أوضحت أنه يتوحد بما ومن يخلق وهذا يعني أنه واحدٌ أحدٌ وكل ما في الوجود مظاهرُ له ولو كانت متباينة بعضها عن بعض.

فالوجودُ إذن بمن فيه وما فيه، ليس سوى مظهرٍ واحدٍ متكاملٍ للواحدِ الأحدِ وإن تعددتْ أشكالُه وألوانُه.. فالمؤمن يتعدىَّ في إيمانه المنظورَ الحسي إلى المنظورِ العرفاني مؤكداً، بما أوتي من اتساع في المعرفةِ ونفاذٍ في الرؤيةِ، أن اقترانَ هذه الحقيقةِ بالمرتجى الأسمى في أزليتِه، هو التحققُ

بروح الله.. وهنا تكمن أهمية علاقة الإنسان بالله إذ يشكر ويحمد ربه ويتعبّد له على منحه نعمة الوجود وسعادة الحياة التي تسير فيه إلى الأبدية. وهكذا يحيا الإنسان بروح من الله وجسد من التراب مستقلٍ، إلى أن يحلّ اليوم الأخير فتخلع الروح ثوبها البالي وتعود إلى ربها راضيةً مرضيةً.

فبالرغم من هذا الاجتهاد المنطقي في تفسير فلسفة التوحيد وتأكيد المعنى اللغوي للآية القرآنية الآنفة الذكر التي تتماهى مع التفسير العقلاني، نرى الاختلاف في تفسير التوحيد لدى البعض من الفرق الإسلامية بحيث تتمسك معظمها بمبدأ "العليّة" بمعنى أن الله خلق الوجود لكنه لم يتحد به بل علا مترفعاً عما خلق. وقد أثار هذا التفسير كثيراً من الجدل ولا يزال مستمراً حتى يومنا هذا. وفي الواقع هذا ما يفسر تباعد الفرق الإسلامية عن بعضها البعض وإن كان القرآن الكريم هو الكتاب المقدس الذي يعتمده الجميع. وقد يبدو الحوار بين الفرق المختلفة مقبولاً وبديهياً في المبدأ إلا أن ما يحصل على الأرض هو غير ذلك وأبعد من الحوار والاختلاف في الرأي ليتعدّاه إلى الاتهام بالكفر والزندقة والخيانة وليحلّ الاقتتال فيما بعد سيداً. ونخلص هنا إلى القول أنه لو أدرك المؤمن حقيقة رسالته السامية الواردة في كتابه المقدس، لأدرك أنه وأخاه في الإنسانية يشكلان وحدة متحدة بروح الله الذي نحمده ونستغفره كل يوم ولا يأذن لأي منا بالتعرض إلى أي كان. وفي هذا الموقف تحضرني فقرة من كتابي "الأبله الحكيم" حيث قلت مخاطباً الفاجر المغرور (بلسان الأبله): "إذا رغبت أن تجمع ما في الأرض من

ذهب ومال فقد يكون لك. أما رقاب الناس فلا يملكها إلا رب الناس.."

هذا ما يبدو لنا قائماً في صفوف الطوائف الإسلامية. وإذا ما نظرنا إلى واقع الطوائف المسيحية، يتراءى لنا المشهد ذاته. حتى أن أوجه الشبه في فلسفة التوحيد هي ظاهرة في السطر الأول الذي يتلوه المؤمن قبل الصلاة إذ يقول: بسم الأب والإبن والروح القدس.. إله واحد آمين. فالمعنى السطحي هو أن نقول بأن الأب هو الرب الخالق والإبن هو الإنسان المخلوق والروح القدس هي التي تحدد العلاقة بين الأب والإبن. أما المعنى المقصود برأينا المتواضع هو التالي: الأب هو الله مبدع الوجود والأبن هو صورة الله الخارجة من البديع، والروح القدس هي العلاقة الروحية المتلازمة بين الأب والإبن ما يفسر اتحاد الباري بما بدا منه أو ظهر عنه. ومن ملاحظاتنا الشخصية المتواضعة القول كذلك بأن فقرة "بسم الأب والإبن والروح القدس" لدى الطوائف المسيحية هي ذاتها من حيث المدلول الفلسفي والروحاني في فقرة "بسم الله الرحمن الرحيم" لدى الطوائف الإسلامية لأن الله هو الرحمن وهو الرحيم بحسب أسماء الله الحسنى كما أن الله هو الأب وهو الإبن وهو الروح القدس، وللتأكيد على وحدانية الأقانيم الثلاثة أضافت الفقرة "إله واحد آمين" ما يعني الاتحاد بروح الله..

ونذكر هنا أنه بالرغم من هذا الوضوح في تفسير الفقرة الإنجيلية واستخدامها في الصلاة من قبل جميع الطوائف

المسيحية، إلا أنها ظلت حتى أيامنا هذه عرضة لتفسيرات مختلفة ولم يذكر أحد أنها تتلاءم مع جوهر التوحيد في مدلوله الفلسفي والعقلاني على الأقل. وليس هذا بالأمر الغريب: فقد توزع المسيحيون إلى فرق اختلفت ببعض الأفكار في بادئ الأمر ثم تطورت إلى اعتماد تفسيرات وتسميات جديدة قامت معها نزاعات وانشقاق البعض عن الآخر مما أدى إلى تعدد الطوائف. وكانت الاختلافات في بعضها جوهرية كتاريخ ميلاد السيد المسيح، عليه السلام، وتاريخ الصعود والفصح المجيد وغيرها من المناسبات. ومثل هذا حصل في الجهة الأخرى حيث أدى الإختلاف في الرأي لدى الفرق الإسلامية إلى التباعد والخصام كما أشرنا آنفاً. وأكثر من ذلك فقد فتح باب الاجتهاد على مصراعيه، فاتفقت جميع الطوائف على اعتماد القرآن الكريم إلا أنها اختلفت على بعض التفسيرات التي شكلت فيما بعد "مجمع الاجتهادات" الذي أعطى لكل طائفة هوية مختلفة.

كانت الغاية من عرضنا هذا، الإشارة إلى أن جميع الأديان والمذاهب تعرضت بشكل أو بآخر إلى فلسفة التوحيد التي كانت ولا تزال الشغل الشاغل للفلاسفة والمفكرين. ومن البديهي القول إن المؤمنين الضارعين ممن تعبدت لهم الطريق إلى نور العرفان، يشعرون بدفء الإيمان والاطمئنان للبحث عن ملاذِ المنتهى بجوارِ ربِّ الإبداع والتكوين. فهؤلاء لا خوف عليهم من الانحدار إلى هاوية التعدي والانحراف بما لا يرضي ربهم لأنهم يحيون بروح الله. إلا أنه يؤسفنا ما حصل ويحصل في هذا العالم الذي

بات مسرحاً للغدر والقتل بعيداً عن الرقابة والمحاسبة وإنكاراً للتعاليم الروحانية والإنسانية التي نتكلم عنها ونعتبرها الحاجز الأخلاقي الواقي من التعديات. ففي الماضي كما في الحاضر، الفرق المذهبية مسيحية كانت أم إسلامية، تتناحر بداخلها بقصد التصفية والإلغاء وتتقاتل مع غيرها من الفرق بدافع العصبية الغرائزية، والتاريخ يطفح بمثل هذه الوقائع الشاذة التي إذا ما استمرت، تنذر بكوارث لا تحصى على الجنس البشري بشكل عام.

بالطبع قد يكون هناك عدد من الأسباب التي تؤدي إلى مثل هذا الجنون. أما حتى الآن لا نرى سوى سببٍ واحد لكل ما يدور على الأرض. والسبب هو جهلنا (بغالبيتنا) لعقيدتنا الدينية بشكل عام ولمبدأ التوحيد الفلسفي بشكل خاص. وقد أدى بنا هذا الجهل إلى القبول بالنظام الطائفي المعلب الذي جاء به المستعمر إلى بلادنا وقد اكتشف مكان الضعف فينا فسيطر بالتالي على مواردنا الطبيعية وقرارنا الوطني ولا يزال.. وهذا ما يهمنا في النهاية.

لقد بات مؤكداً للجميع أن الاستمرار والاستقرار غير ممكنين إلا بنسف التركيبة القديمة واستبدالها بما يتلاءم مع تطورات العصر والقواعد الثابتة المعترف بها دولياً لحقوق الانسان.. فنحن بحاجة إلى مذاهب وأديان واعية تقوم بدورها التبشيري كما أننا نحتاج إلى دولة قوية تحمي هذه الأديان والمذاهب. فالخطوة الأولى نحو الوحدة والإصلاح تبدأ من هنا وأي إخلال بهذه المعادلة يعيدنا إلى نقطة الصفر. وهذا يعني التقهقر والرجوع إلى الوراء.

لا شك أن تحرير الإنسان من شوائب الماضي للخروج به إلى فضاء التوحيد والمناقبية العالية أمرٌ يلزمه الوقت والظروف الملائمة. لكن انطلاقاً بأن التعايش المسيحي المسلم أمر حتمي لا مفر منه يجب أن نتنبّه إلى نقطة بالغة الأهمية وهي إطلاع المسيحيين على جوهر الدين الاسلامي - القائم على التوحيد والغفران - لأنهم يجهلونه. وكذلك إطلاع المسلمين على جوهر الدين المسيحي الداعي إلى المحبة والسلام. وهكذا بدلاً من أن يتساوى المسلمون والمسيحيون في جهل بعضهم بعضاً دينياً وتاريخياً، يتساوون في المعرفة والانفتاح واحترام البعض لمعتقد الآخر.. وهذه الخطة هي برأينا الوسيلة الأفضل لبلوغ عرش التوحيد بعيداً عن النزوات والعصبيات. ولهذا قلت: التوحيد ملاذ المؤمنين من كل مذهب أو دين.

وحدُهم الموحدون البالغون سرَّ الإشراقِ والعرفانِ، من أيّ مذهبٍ أو دينٍ، يؤتوْن الحكمةَ والخيرَ الوفيرَ، في السماواتِ كما على الأرضِ.. فهؤلاء قد أدركوا أن حدائقَ التوحيدِ ليست لقاصدِها منالاً سهلاً، وإن كانت تتسعُ أبوابُها للعالِمين والعامِلين بشوقٍ إلى ثمارِها العذبةِ التي تقطرُ حباً وصفاءً..

●

خاطرة

.. قاطعني صوت من السماء قبل أن يدركني الصباح ليقول: بكل أسف يا صاحبي، إن في عالمكم الأرضي كثيرين من يدعون المعرفة والإبداع.. فليس كل من حدَّثَ بالشعرِ كان شاعراً ولا كلُّ من نقلَ خاطرةً كان فيلسوفاً وليس كلُّ من قرأ مزماراً كان مبشّراً.. إن الإبداع يكمنُ في الإشراق والتأمل في المنظورِ العرفاني، وهذا ما يفتقده الكثيرون.

ألقيت هذه الكلمة في الاحتفال الذي أقامه مركز التراث العربي لمناسبة توقيع ديوان "صلاة المغيب" للشاعر ذوقان عبد الصّمد.

2018/09/30

لم أقفْ اليومَ لأستعرضَ إشاراتِ الإبداعِ في شعرِ الصديقِ ذوقان عبد الصَّمد إذ سبقَ وأنْ كان ليَ شرفُ المشاركةِ في تقديمِ ديوانِه بعنوان "ذاكرةُ الغياب" عام 2010 وكذلك تقديمِ هذا الديوانِ الذي بين أيديكم اليومَ بعنوان "صلاةُ المغيب"، وقد قلتُ فيه الكثيرَ وربما لم أُوَفِّهِ بما يَليقُ به. وإنني إذ أشدِّدُ على المنحى الإنساني فيما كتبَ ويكتبُ ذوقان، أكتفي بالقولِ بأنَّ الكتابةَ، أياً كان لونُها، لا يُمكنُ لها أن تقتربَ من الإبداعِ إن لم تحمِلْ في طياتِها قيمَ الانسانِ الفاضلةِ التي هي في النهايةِ بدوٌ من الله..

والإبداعُ في أيِ حقلٍ كانَ، هو واحدٌ لا يتجزأُ لأنه يصُبُّ في ذاتِ المكانِ الذي ينبعُ منه: الموهبةُ عطاءٌ من الله، والأداءُ هو الاستخدامُ الانساني لهذه الموهبةِ بما يُرضي الله.. فمنه العطاءُ وإليه الأداءُ وهكذا يتحققُ الإبداع.!

أما الواقعةُ التي جعلتني أميلُ إلى هذا القرارِ، هي التالية:

المشهدُ، على السريرِ في غرفةِ العنايةِ الفائقةِ ومن حولي عددٌ من الممرضاتِ والممرضين، والأطباءِ والمساعدين.. لم يخطرْ ببالي أنَّ حالتي كانتْ بهذه الخطورةِ وتستدعي كل هذا الاهتمامِ إلا بعدَ أن شاهدتَ هذه المظاهرةَ من حولي..

وما هي إلا ثوانٍ حتى تفاقمَ الوضعُ ليحمِلَني إلى الغيبوبةِ والغيابِ عن مسرحِ الطوارئِ في المستشفى إلى مسرحٍ آخرَ لا أعرفُ معالمَهُ أو حدودَهُ، لأبدأَ رحلةً خاطفةً إلى حيثُ لا أدري..

انتقلتُ إلى عالمٍ ليسَ كعالمِنا وشاهدتُ فيه منظراً بديعاً يعكِسُ بهجةً لا توصفُ وسعادةً لا تتوقَّفُ عند حدودٍ.. فالحياةُ هناك تعبرُ كلَّ الأزمنةِ وكلَّ الأمكنةِ.. والناسُ أشكالُهم واحدةٌ، ولونُهم واحدٌ والجميعُ في خدمةِ الجميعِ.. يهللونَ ويرقصونَ ويبتسمونَ وكأنَّهم في نشوةٍ لا توقفُها نهايةٌ..

لقد هالني ذلك المشهدُ وأخذتُ أتلفَّتُ يميناً وشمالاً علني ألقى من يجيبُ على تساؤلاتٍ تراكمتْ في رأسي. وإذ برجلٍ متلحفٍ بالشيبِ يقتربُ مني ويسألني مبتسماً: هل من خدمةٍ أؤديها لضيفِنا العزيزِ؟

قلتُ بعد أن هدأت نفسي من رعشة المفاجأة: أرجو ذلك. أين نحنُ أيُّها الصديقُ؟ أجابَ: أنت في جوار جنةِ المبدعين.. شعراءٌ وأدباءٌ، فلاسفةٌ وعلماء، فنانون وموسيقيون وغيرُهم.. هم وحدُهُم سكانُ هذه المملكةِ.. وقد خصَّ اللهُ هؤلاءَ بمنزلةٍ لائقةٍ إلى جوارِهِ الدافئةِ لأنهم باتوا جزءاً منه لا يتجزأون..

قلتُ: وهل من الممكن مقابلة هؤلاء؟ قد يكونُ البعضُ فيهم أصدقاء..

أجابَ متردداً: قد يكونُ البعضُ وقد لا يكونُ.. بكلِّ أسفٍ أقولُ لكَ يا صاحبي، إن في عالمِكم الأرضي كثيرين من يدَّعونَ المعرفةَ وهم يجهلونَها وكثيرينَ من يدَّعونَ الإبداعَ من غيرِ أن يُدرِكوه.. فليسَ كلُّ من حدَّثَ بالشعرِ كان شاعراً ولا كلُّ من نقلَ خاطرةً كان فيلسوفاً وليس كلُّ من قرأ مزماراً كان مبشِّراً.. إن الإبداعَ يكمنُ في الإيمانِ والتأملِ بالحقيقةِ المطلقةِ التي لا تعرِفُ مواربةً أو تنازلاً، إذ يقومُ المبدعُ، المؤمنُ في إشراقِه وتأملِه، بتعدّي المنظورِ الحسي للأشياءِ إلى المنظورِ العرفاني.. مؤكداً بما أوتيَ من اتساعٍ في المعرفةِ ونفاذٍ في الرؤيةِ، أنَّ اقترانَ هذه الحقيقةِ بالمُرتجى الأسمى، هو التحققُ بروحِ الله..

الحق أقولُ أن كلماتِ ذلك الشيخ الجليلِ لم تبلغْ مسمعي عرضاً أو صدفةً بل تلقيتُها وكأنها دعوةٌ لي للبقاءِ في هذا العالم الروحاني، وقد أثارتْ في نفسي الشوقَ إلى البقاءِ هناك للاستمتاعِ بالسعادةِ التي لا مثيلَ لها على الأرض..

وبالرغمِ أن الرحلةَ لم تستغرقْ سوى دقائقَ معدودةٍ أو ثوانٍ ربما، كنتُ أخافُ أن تُنزَعَ مني نشوةُ السعادةِ ويَرجِعَ بيَ القدرُ إلى العالمِ الأرضي، عالمِ الشرِّ والنفاقِ.. وبالفعل شعرتُ بمن يَجُرُّ بي إلى العودةِ من حيثُ أتيتُ. فسمعتُ هتافاتِ الممرضين والممرضات ابتهاجاً بنجاحِهم في إنقاذِ حياتي والعودةِ بي إلى مسرحِ الطوارئ، عرفتُ فيما بعدَ

أن قلبي توقَّفَ عن الخفقانِ نتيجةَ نوبةٍ حادةٍ مما اضطر الطاقم الصحي استخدامَ الصدماتِ الكهربائيةِ لإعادةِ الحياةِ إليه، قمتُ خلالها برحلتي هذه إلى العالم الآخر..

*****

فمن وحي هذه الرحلةِ الخاطفةِ إلى العالم الآخر، أتوجه إلى صديقِنا الشاعرِ ذوقان عبد الصّمد لأقول: هنيئاً لك بلوغُك الإبداعَ وقد دخلتَ رِحابَه من بابِه الواسعِ. إنك تسير في تأمُّلاتِك المستنيرةِ معرفةً وشوقاً في "صلاة المغيب" كما في سابقاتِها من صلواتٍ، على هديِ المبدعِ الأكبرِ، العليمِ القديرِ والحاضنِ للمبدعين في جوارِهِ، ولا شك أن اللهَ يحفظُ لكَ المنزلةَ اللائقةَ على الأرضِ كما الأجرَ العظيمَ في جنةِ الخالدين..

•

خاطرة

•

نسمع الكثير من ترداد التمني والتضرّع إلى الله، بأن يحمل إلينا خير المسرّات والبركات.. والغريب أننا نعتبر فعلنا هذا صلاة مقرونة بالدعاء وقد فاتنا أن الصلاة هي غير الدعاء. وإن تكرار الدعاء واستجداء الله في كل صغيرة وكبيرة، هو الهروب من مسؤوليتنا ودورنا الانساني الأمر الذي يبعدنا عن الإيمان حتماً ويدخلنا ربما في عداد الكافرين..

خاطرة

•

من المتعارف عليه ألا يقول الإنسان كلمة الحق إذا كانت تمس بالآخرين، إما خوفاً من عاقبتها وإما مجاملةً للمتضرر منها. وقد اتجهت التربية الاجتماعية، على مر العصور، إلى التحذير من تلك العواقب. من الواضح أنه وضع شاذ وهو لا يتعدى خانة الكذب والدجل!! والنتائج على الأرض خير دليل..

كلام المنافقين..

2019/12/05

لا يغرَّنْكُم كلامُ المنافقين
ولو صدقوا..
ولا صلاةُ الكافرين ولو سَجدوا..
بل تذكروا
وإن طال غدرُ الزمان..
كم حاضرْنَ بالعفَّة عاهراتٌ
منافقات..
وما بلغْنَ ثوابَ الإيمان..

ولا يسرَّنْكُم
أن تصوِّبوا إلى الأطيارِ سهامَكم
وإلى الأزهارِ مناجلَكم..

فمن أين لكم تغريدٌ
بغيرِ شدوِ البلابلِ
وعطرٌ بغيرِ أريجِ الرياحين..

واعلموا أن للباطلِ جولة..
فإذا رغِبَ المنافقون أن يجمعوا
ما في الأرضِ من ذهبٍ ومالٍ
قد يكونُ لهم..
أما رقابُ الناسِ
فلا يملِكُها إلا ربُّ الناس..

●

خاطرة

قال: أعود بعد كل إخفاق في الحياة إلى التوبة واستغفار الله والطلب إليه إضاءة الطريق أمامي بالحكمة المنيرة كي لا أكرر الإنزلاق إلى الخطأ، لكنني لا أشعر بأي تغيير في نهجي وسلوكي. فهل أنني لا أستحق الحكمة وقد أهمل الطلب؟ فأجبته بهدوء اليقين: قد يكون طلبك هذا أحد إخفاقاتك.. فالحكمة لا تلتفت لكل طالبٍ ولا تنحني إلا لمن يعشقها..!

خاطرة

يشهد العالم، رغم التطورات الحضارية، بعض التمييز العنصري يأتيه البلهاء المنتشرون في سائر المجتمعات. ولا شك أن في هذه المرحلة من التاريخ التي يكثر فيها السقوط الأخلاقي، نخوض حرباً صعبة مع بلهاء العالم أينما حللنا. فالعقول الواعية يجب أن تكون على استعداد لخلق الفرص الواعية واجتياز المرحلة..

جوزيف حنا في الذكرى الخامسة لرحيله

2021/01/09

أعوامٌ خمسةٌ توالتْ
وكأنها وميضٌ،
في ليلةٍ ظلماءَ،عابرٌ..
ليلةٌ.. ضاقَ الزمانُ في كَفْرِها
وشحَّ الخيرُ في أرضِها
والآهُ تعالى صوتُها
وجعاً وجوعاً كافراً
يُقابِلُه شعبٌ عنيدٌ قاهرٌ..

صديقيَ الذي رحلتَ بالأمسِ،
تحيةً لروحِك الآمنةِ
وقد لبَّتْ نداءَ ربِّ السماءِ..
تحيةً لحديثِكَ عن الحبِّ طريقاً
للهدايةِ والهناءِ..

في كل يومٍ أتيقَّنُ وأشعرُ

كم كان حِسُّكَ صادقاً

وكأنكَ اليومَ تتذكَّرُ..

على وهجِ رؤىً رامتْ بخيالاتِك

ما يخرجُ من الضِّياءِ ويكبرُ..

جوزيف حنا..

أيها الصديقُ والرفيقُ..

تحيةً لعمرٍ قضيْتَه ساهراً،

حاملاً قنديلَ ديوجين

لهدايةِ العابدين المؤمنين..

إلى تلميذتِك،

إلى نبيِّ جبران،

إلى مقبرةِ نبيِّ جبران،

حتى بلغتَ أدراجَ العلاءِ

في ديارِ الفقراءِ، كلِّ الفقراءِ..

بماذا أبوحُ لكَ أيها الصديقُ

وفي زاديَ اليومَ حكايةٌ..

حكايةُ شعبٍ ثائرٍ

ليصنعَ التاريخَ مجداً مشرّفاً..

ما عاد فقراؤك كما عرفتَهم

مهمشينَ، مرذولين..

بل ثاروا وانتفضوا وتمردوا..

يملأون الشوارعَ والساحاتِ..!

ينادون بأعلى صوتِهم

بما زرعتَ فيهم من فضائلَ:

نحن فقراءُ الحالِ والمالِ ولكننا..

لسنا فقراءَ الإرادةِ..!!

خمسةُ أعوامٍ توالتْ على رحيلِك

صديقي..

وكأنك ما زلت هناك

بانتظار الغد

حين يضمنا لقاء الموعد..

●

خاطرة

بين الآلام والآمال تكمن كل أسرار الكون ومعها تتصاعد الآهات ابتهاجاً أو انكساراً. بعض لحظات طارئة نعيشها في حيرة وذهول، كنسمة عابرةٍ ضلت طريقها بين الحقول. نقولها للرسائل الفارغة وقد سقطت عنها الكلمات أو للوقت الذي انقضى وغابت عنه المسافات.. متعة هي الآهات رغم مرارتها. فلو كان للمرء أن يُخرج ما في صدره من آهاتٍ، لسكت الكلام وحل في قلوب العاشقين الظلام..

في تأبين وتكريم العالم الدكتور يوسف مروّه

2019/03/24

"كيفَ يكونُ الكلامُ عن صديقٍ مؤمنٍ عرفتَه..
ورفيقٍ على دربِ المحبةِ واكبتَهُ..
ومعلمٍ مجتهدٍ أصغيتَ إليه وجالستَهُ..؟؟
بالسرْدِ الطويلِ.. وهو مملٌ؟
بالوصفِ الدقيقِ.. وهو مقلٌ؟
بفيضٍ من عاطفةٍ لا تفي بالقصدِ ولا بالمهام..؟؟
الأرجحُ المتوقعُ في الموقفِ المُهيبِ..
أن يتوقفَ الزمانُ.. ويسكتَ الكلام..!

والكلامُ عن يوسف مروّه قصةٌ تطولُ..
أتتكلمُ عن عالمٍ أو باحثٍ أو مكتشفٍ..
عن ناقدٍ أو أديبٍ أو فيلسوف..؟
قد يصحُّ استخدامُ أيٍ من المصطلحاتِ الآنفة
أو ربما لا يصحُّ أيٌ مِنها..

لقد تعدّى د. مروّه حدودَ المصطلحِ الذي يضيقُ بأبعادِ رؤاهُ ورفّاتِ جناحيْه، ليُدخِلَك حيناً في العلومِ والسياسةِ وطوراً في

الفقهِ والدينِ وأحياناً في مَداراتِ الشمسِ والقمرِ وسائرِ المجرّات..

أما إذا أردْتَ الاختصارَ فيما تُسمّيه، فقلْ هو المفكرُ المبدعُ الذي اقتربَ بأدائِه من روحِ الله.. ذلك أن الإبداعَ، كما العبادةَ، يكمنُ في الإيمانِ والتأملِ بالحقيقةِ المطلقة، أي بتعدي المنظورِ الحسيِّ إلى ما وراءِ المنظورِ العِرفاني.. والإبداع، في أيِّ حقلٍ كانَ، هو واحدٌ لا يتجزأُ لأنه يصبُّ في ذاتِ المكانِ الذي ينبعُ منه. فالموهبةُ عطاءٌ من الله، والأداءُ هو.. لله بما يُرضيه. فمنه العطاءُ وإليه الأداءُ وهكذا يتحقّقُ الإبداع..

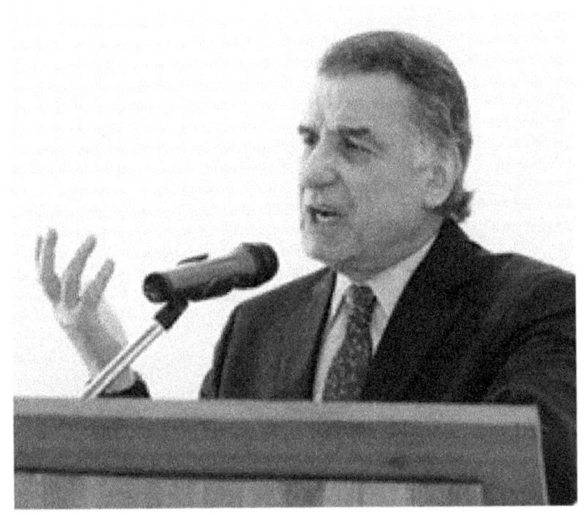

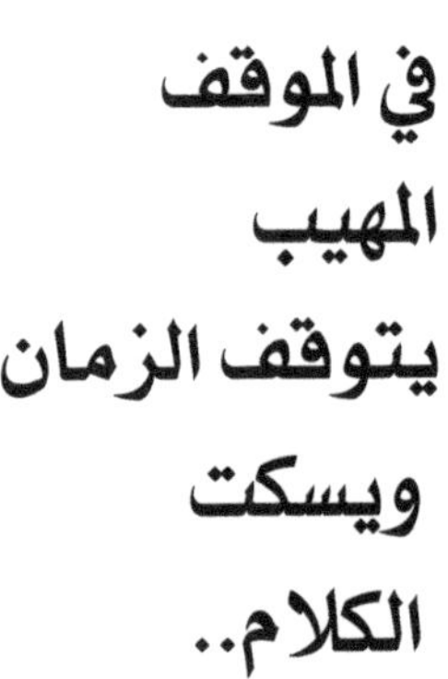

أيها الحفل الكريم،

لن أتطرَّقَ إلى ما أشارَ إليه الأصدقاءُ الذين سبقوني في الكلامِ عن إنجازاتِ ومآثرَ د. مروّه. بل سأحاولُ إلقاءَ الضوءِ على اهتماماتِه ومساهماتِه في بعثِ التراثِ العربي

وأهميةِ نشرِه في العالم، رداً على تحدياتِ الغربِ الذي يدَّعي الفضلَ في كلِّ ما يخدمُ الانسانيةَ من نظرياتٍ وتطوراتٍ علميةٍ وتقنيةٍ أو اختراعاتٍ واكتشفاتٍ جديدةٍ.. لقد استطاعَ د. يوسف مروّه أن يزيلَ من أذهانِ الكثيرينَ من المثقفين العربْ، وخاصةً الذين يعيشونَ في المغتربات، عقدةَ النقصِ التي رافقتْ تأقلمَهُم في المجتمعِ الجديدِ واستبدالَها بالثقةِ بالنفس، والعزمِ على السيرِ قُدُماً في مسيرتِه العلميةِ وثورتِه البيضاءَ على الذهنيةِ الغربيةِ التي تحاولُ ما استطاعتْ طمسَ معالمَ الحقيقةِ في التعتيمِ على الدورِ العربي والإدعاءَ لنفسها بالإنجازاتِ الحضاريةِ في مختلفِ الحقولِ، ما يخدمُ مصالحَها الإستعماريةَ ويُظهرُ تفوقَها في العالم..

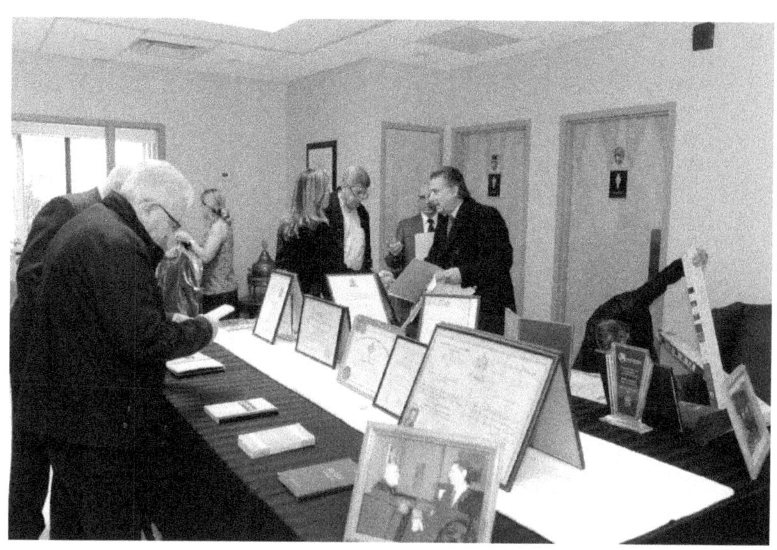

وفي هذا المجالِ، يُشرِّفُني القولُ إنني كنتُ أحدَ الذين لبوّا نداءَ راحلِنا الكبير، في وقتٍ كانَ يُعِدُّ الدراسةَ التي تُثبتُ

وصولَ الفينيقيين والعرب إلى الأميركيتين قبلَ كولومبس وكانَ ذلك في مطلعِ التسعينات. ويقولُ مروّه في هذاالمضمارِ تحديداً (ونقلاً عن أكاديميين ومؤلفين أميركيين): "كريستوف كولومبس هو آخرُ من اكتشفَ أميركا..!"

وقد تعاهدْنا منذُ ذلك التاريخ على أن نعملَ يداً بيد، على إحياءِ ونشرِ التراثِ بالأسلوبِ الأكاديمي الحضاري من خلالِ مركزِ التراثِ العربي الذي كنتُ قد بدأتُ أعِدُّ له خريطةَ الطريق. ومن خلالِ جريدةِ "الجالية" التي كنتُ قد أسَّسْتُها وأعددْتُها للغايةِ ذاتِها.

ففي رحلةِ إحياءِ التراث، التي استغرقتْ ربعَ قرنٍ من الزمنِ ونيّف، أقمْنا عدَّةَ احتفالاتٍ ولقاءاتٍ وندواتٍ ثقافيةٍ تبرزُ أهميةَ الدورِ العربي في الحضارةِ الإنسانيةِ التي ينعمُ بها العالمُ اليومَ، وكان د. مروّه العرّابُ الأكثرَ حضوراً في وضعِ النقاطِ واللمساتِ المعرفيةِ بمراجعاتِه ودراساتِه القيمة.

وفي طليعةِ هذه الاحتفالاتِ، كانتْ العناوينُ التالية:

- التراثُ الثقافي على امتدادِ طريقِ الحرير
- التراثُ المتعددُ الثقافاتِ في حوضِ البحرِ المتوسط
- آثار التراثِ العربي في النهضةِ الأوروبيةِ
- التعدديةُ الثقافيةُ بعنوان: النسيجُ الكندي يَجمعُ العالمَ..

لستُ هنا لأُطيلَ الحديثَ عن الدورِ الذي اضْطلعْنا به في إحياءِ التراثِ في السابق، وإنما للتأكيدِ على ضرورةِ الاستمرارِ في تشجيعِ هذا الدورِ وجعلِ ناشئتِنا العربيةِ تتابعُ

المسيرةَ لما يخدمُ وجودَها ويعزِّزُ حضورَها بين الشرائحِ الاجتماعيةِ المختلفةِ.

من المؤسفِ أن يَزعمَ البعضُ بأنَّ الإبداعَ العربي معطّلٌ اليومَ، كما التراث. لا شكَّ أنه ادعاءٌ باطلٌ ومرفوضٌ، ذلك أنَّ الدراسةَ التي بحوزتِنا في مركزِ التراث العربي، والتي حقَّقَ فيها الدكتورُ مروّه شخصياً، تشيرُ إلى متفوقين مبدعين من الجنسياتِ العربيةِ المختلفةِ، يتوزَّعون بين الفلاسفةِ والمخترعين والمكتشفين وواضعي النظرياتِ الجديدةِ في العلومِ والرياضياتِ والطبِّ والفيزياءِ والفلكِ وغيرِها.. وإذا أجيزَ لنا تصنيفُ هؤلاءِ نقولُ: إنهم صانعو التراثَ العربي المعاصرِ.. وأحدُ هؤلاءِ المبدعين العباقرة هو واحدٌ من أبناءِ جاليتِنا اللبنانية العربيةِ في كندا، العالمُ والباحثُ الدكتور يوسف مروّه..

أما البصمةُ الخالدةُ.. هي التي يطبعُها على جبينِ التاريخِ، عملاقٌ كصديقِنا الذي رحلَ، لا تزولُ بزوالِ جسدِه ولا ترحلُ برحيلِه بل تُحدِّثُ عنه إلى يومِ القيامةِ.. فالخالدُ ليسَ من يعْبرُ التاريخَ.. بل من يصنعُ التاريخَ ويعْبرُهُ.! تحيةً من الأعماقِ إلى روحِ الصديقِ الدكتور يوسف مروّه الذي بأمثاله نواجه التحديات وننتصر.. وقد قلتُ فيه يوماً: هو الإرادةُ التي لا تلينُ والطموحُ الذي لا يهدأُ. علّهُ يهدأُ بالله حيثُ هو اليومَ بعهدةِ السماءِ، في جنةٍ خصَّها الله للمؤمنين المبدعين..

●

خاطرة

لفتني كيف يتعلق الإنسانُ بما يؤلِمُه ويشغلُه وليس بما يطمئِنُه ويشفيه. فإذا حدَّثك عن الداءِ الذي يعاني منه، وصفه بالقاتلِ. وإذا حدَّثك عن الدواءِ الذي يتناولُه، فلا يذكرُ فوائدَه بل يعدِّدُ عوارضَه الجانبيةَ الخطيرة.. لقد منحنا الله نعمة الحياة بآلامِها وآمالِها، فالحكمة ألا نجعل ألماً واحداً يُنسينا نِعمَ الحياة..

أخطاءٌ شائعة..

2019/05/18

من الملاحظ أنه يزداد، يوماً بعد يوم، ورود الأخطاء اللغوية لدى بعض الكتاب والإعلاميين في الصحافة والإذاعة والتلفزيون ووسائل التواصل الاجتماعي وكأن كسر القواعد وإجازة ما لا يجوز باتا من آليات الحداثة والتطور..
أما الأخطاء فهي كثيرة دون شك وسأشير إليها تباعاً بفقراتٍ توضيحية قصيرة مع الإشارة إلى أنني، بكل تواضع ومحبة، لا أدَّعي الكمال أو التفوق في قواعد اللغة العربية. وإذ أتوخى المصداقية والموضوعية فيما أكتب وأقول، إنني على استعداد للإستماع إلى كل ملاحظة أو تصويب أو تصحيح ذلك أنني قد أخطىء كما الآخرون في هذا المجال أو غيره. ولكنني أؤكد أنه لا مجال للخلط البنيوي في قواعد اللغة العربية واعتباره تطويراً مقبولاً كما يدّعي البعض. لذلك نرى أنه لا يجوز الإبقاء على الخطأ ولو كان شائعاً وقد مر عليه زمن طويل، طالما أننا نملك المعرفة والمراجع التي تؤكد صحة ما ندَّعيه.

سأبدأ بكلمة **"الحفل"** التي تخدش مسامعي في كل مرة أسمعها لأنها تشكل (بالنسبة لي) خطأً فادحاً وتكاد أن تكون الكلمة الشائعة والأكثر رواجاً لأنه يجمع كثيرون على

استعمالها دون عناء العودة إلى دقائق اللغة العربية الغنية بمفرداتها وأصول استخدامها.

1- الحفلة والحفل والاحتفال

المصدر هو فعل "حَفَلَ".

- المعنى الأساسي لكلمة "حَفَلَ" هو التجمع بكثرة ويقال: حفلَ الماءُ أي اجتمع بكثرة - وحفلت السماءُ أي اشتدَّ مطرُها - وحفلَ الدمعُ أي كثرَ - وحفلَ القومَ أي احتشدوا.

- وفي "الإحتفال" يقال: إحتفلَ القومُ أي تجمعوا - واحتفلَ المجلسُ بالناس أي امتلأً - واحتفل الناس بأحدهم أي اجتمعوا لتكريمه.

- يقال كذلك: جمعٌ حافلٌ أي كثيرٌ - ودارٌ حافلةٌ أي كثيرةُ الأهلِ - وسوقٌ حافلةٌ أي جامعةٌ. وقد سميتْ عربةُ القطار بالحافلة لأن الناسَ يحفلون بها أي يحتشدون - ويقال: عنده حفلٌ من الناس أي جمعٌ من الناس.

وتطلق كلمة "حفل" غالباً على الحشد من الناس الحاضر للحفلة، كما يتبين في المخاطبة الشائعة في الحفلات والتي يعرفها الجميع عندما يقال: "أيها الحفلُ الكريم"..

وخلاصة القول: تطلق كلمة "الحفل" على الجمع الذي يحضر الحفلة أو الإحتفال وليس على الحفلة بحد ذاتها التي هي اسم الحدث الذي تجمَّع "الحفلُ" لحضوره، ومثالها "حفلة خطابية، أو حفلة تكريمية أو حفلة غنائية.. وإلخ".

إن الأخطاء اللغوية غير المبرَّرة لدى بعض الكتاب والإعلاميين خاصةً، تنتقل من السلف إلى الخلف بطريقة

آلية عندما يتسلم الأخير مهاماً إعلامية للمرة الأولى، بحيث يتلقى تركة السلف وما درج من "بديهياتٍ" في التعاطي الإعلامي مع اللغة العربية من غير أن يدقق بالأصول والقواعد التي تنظم استخدام مفردات اللغة وتجيز أفعالها بالشكل والمضمون، وتكون النتيجة الوقوع في ذات الأخطاء الشائعة التي يعتبرها البعض، في صلب الحداثة والتطور. وهكذا يستمر الخطأ من جيل إلى آخر دون رقيب أو حسيب.

2- العشرين والعشرينيات والثلاثين والثلاثينيات إلخ..

ما يلفتنا لدى قراءة أو سماع الأرقام المركبة كالعشرين والثلاثين والأربعين وما يتبع.. حتى التسعين..، أن يقال مثلاً: في "عشرينيات" القرن الماضي.. والمقصود هنا السنوات الواقعة بين الـ 20 والـ 29، أو "ثلاثينيات" القرن الماضي أي السنوات الواقعة بين الـ 30 والـ 39.

ففي المبدأ: كلمة "عشرون" (وهي اسم مركب) تعني "عشرتان" و"ثلاثون" تعني ثلاثة أعشار وهكذا دواليك حتى التسعين وتعني تسعة أعشار. وإذا كان لنا أن نشير إلى سنوات العقد الثالث من القرن - الواقعة بين 20 و29 - الأصل أن يقال في "عشرينات" القرن وليس في "عشرينيات" القرن كما هو شائع ومتعارف عليه لدى معظم وسائل الإعلام وليس ما يبرر الاستخدام هذا قطعاً. ونسأل هنا بكل بساطة: ما الداعي إلى حشر الياء قبل الألف والتاء لتصبح عشرينيات أو ثلاثينيات بدل من عشرينات أو

ثلاثينات. فإذا كان لضرورة الجمع، الكلمة بحد ذاتها إسم مركب يجمع في طياته عدداً من السنوات ولن يزيد عليه حشر الياء سوى الإبهام والتعقيد. حتى أنه يمكن الاستغناء عنها والاكتفاء بذكر سنوات العقد من القرن الذي نتكلم عنه دون الاجتهاد وإضافة كلمات وأحرف غير مبررة..

لقد ورد في بعض قواميس اللغة العربية تعريف لكلمة "العشرينيَّات" على أنها السَّنتان العشرون والتاسعة والعشرون وما بينهما، أي العقد الثالث من قرن ما، دون الدخول بالتفاصيل. ونرجِّح أن ورود هذا التعريف غير المبرر بالمنطق والقواعد اللغوية، قد أدخل على المعاجم والقواميس بعد أن شاع استخدام هذا الترداد الخاطىء في معظم القطاعات الإعلامية حتى التصق بالأخطاء الشائعة التي تعاني منها اللغة العربية.

3 ـ حضرة وحضرات

لا شك أنه يعلم الجميع كيف جرت العادة في التخاطب عندما توجه رسالة إلى أحد الناس أو لدى إلقاء كلمة أو خطاباً أمام جمع من الناس. الكلمة التي تسبق إسم الشخص المخاطب تكون عادةً كلمة "حضرة" مثال حضرة السيد فلان.. وإذا كان المخاطب أكثر من شخص واحد فتستخدم كلمة "حضرات".. حضرات السادة فلان وعلان.. إلخ. وفي هذا الاستخدام خطأ كبير نبينه فيما يلي:

- إن مصدر كلمة "حضرة" هو فعل حَضَرَ- حضوراً ضد غاب. وحضوراً المجلس: شهدَه. والحضرة هي عكس

الغيبة. وقد تكون مكان الحضور ذاته إذ يقال: كنت بحضرة الدار، أي بقربها. وتعني الحضرة في كثير من الأحيان: الحضور ومثاله.. كان لقاؤنا بحضرة فلان أي بمشهد منه.
- هذا من حيث المصدر. وقد ترد كلمة "حضرة" في كثير من المجالات ولا حاجة لنا بها في هذا المقال. أما في الاستخدام الرائج للكلمة فإنها تستعمل كلقب احترام وتشريف بمعنى: سيِّد ونحوه يُعَبَّر به عن ذي المكانة في المراسلات والمخاطبات "حضرة الأستاذ / الدكتور- حضرة السادة والسيدات" إلخ..
يتبين من خلال هذه التعريفات الآنفة الذكر أن "حضرة" هو اسم مفرد بطبيعته ولا يحتمل الجمع كما ورد في بعض المعاجم والقواميس العربية التي اعتبرت أن جمع "حضرة" هو "حضرات" عندما تكون المخاطبة لأكثر من شخص واحد. ونرجِّح، كما أشرنا في فقراتٍ سابقة، أن ورود هذا التعريف غير المبرر بالمنطق والقواعد اللغوية، قد أدخل على المعاجم والقواميس بعد أن شاع استخدام هذا المفهوم الخاطىء في معظم القطاعات الإعلامية حتى التصق بالأخطاء الشائعة التي تعاني منها اللغة العربية. باختصار صريح ومفيد يقال: حضرة السيد.. وحضرة السادة.. وليس حضرات.!

4. مصطلحات للمخاطبة

يرتبط مضمون هذه الفقرة بما سبقه في الفقرات السابقة بحيث يتناول مصطلحات المخاطبة الكلاسيكية المعتمدة لدى

غالبية المثقفين والإعلاميين خصوصاً، التي كانت تصلح في العصور القديمة ربما، ولكن ليس في هذا العصر الذي يشهد قيام حركات التحرر في العالم وانتشار الإيديولوجيات المتطورة التي تتناول حريات وحقوق الإنسان. وقد يرى البعض فيما أقول بعض المبالغة لكنني أشدد القول وأضيف بأن الذي جعلنا نتمسك بهذه التقاليد البالية رغم تخلي المجتمعات المتقدمة لها، هو الخوف على مواقعنا وامتيازاتنا التي حصلنا عليها بفضل الأنظمة الجامدة في بلادنا ونجازف بها إذا ما نحن تخلينا عن التقاليد.

وقبل الدخول بتفاصيل هذه المصطلحات أود أن أنقل تجربتي المتواضعة في هذا المجال: لقد جرت العادة أن نقيم احتفالات ثقافية في مدينة تورنتو باسم "مركز التراث العربي" أو أن نُدعى إلى احتفالات مماثلة حيث يكون لنا كلمة نلقيها بالمناسبة. وفي كل مرة كنت أبدأ الكلام مباشرةً في صلب الموضوع دون مقدمات كما يفعل الآخرون، أي دون ذكر أصحاب السماحة والمعالي والسعادة والفضيلة وسيداتي سادتي.. والسبب بكل بساطة لأنني لا أرغب بالكذب والتفخيم والتبجيل. فهل من أحد يشرح لي لماذا عليّ أن أذكر هؤلاء بألقابهم وأسمائهم وهم حاضرون أمامي "يسمعون ويقشعون وأحياءٌ يرزقون".. هل أنني سأخصهم بغير الكلام الذي سألقيه على الحاضرين من الناس (هذا إذا أصغوا لما سأقول).. أم أن اللياقة الاجتماعية وأدبيات المخاطبة توجب عليَّ ذلك؟

لا شك أن استخدام المصطلحات هذه ترتبط إلى حد كبير بالعادات التي كانت تحكم العلاقات بين الحاكم المتسلط والمحكوم الضعيف وقد نشرها المستعمر على مساحة الوطن بحيث أصبحت تقليداً يعمل به الكبير كما الصغير والقوي كما الضعيف، وأهم عنصر فيها أنها تقوم على الكذب والخداع.. ومثال ذلك ما جاء في مقدمة رسالة مؤرخة في 30 آب 1915 من «مكماهون» المندوب السامي البريطاني إلى الشريف الحسين حيث يقول فيها:

«إلى الحسيب النسيب، سلالة الأشراف وتاج الفخار، فرع الشجرة المحمدية والدوحة القرشية الأحمدية، صاحب المقام الرفيع والمكانة السامية، السيد ابن السيد والشريف ابن الشريف، السيد الجليل المبجَّل، دولة الشريف حسين باشا سيد الجميع، أمير مكة المكرمة، قبلة العالمين ومحط رجال المؤمنين الطائفين، عمت بركته الناس أجمعين. أما بعد..»

كل هذا التبجيل والتبخير، بل قل «التدجيل»، جاء في المقدمة قبل الدخول بصلب موضوع الرسالة.. لم يكن الإنكليز بالطبع ليتوقفوا عند الشكل وجل ما كانوا يرمون إليه هو استخدام الحيلة أيا كان السبيل إليها للفوز بثقة الحسين حتى ينصاع هذا الأخير لمؤامراتهم..

تستخدم مصطلحات التفخيم اليوم على لسان الإعلاميين في محاورة الرسميين من رؤساء ووزراء ونواب وغيرهم، وكأنه لزامٌ عليهم في وقت يعملون فيه على تكريس التبعية والطبقية. وقد يغامرون بوظيفتهم إن هم خالفوا التقليد المعمول به لأن الإجراء بحقهم قد يأتيهم من محاورِهم

بالذات، صاحب النفوذ واليد الطولى في النظام القبلي الذي يحكم البلاد..

تحضرني في هذا السياق طرفة لا بل حقيقة مؤلمة من وحي الموضوع مفادها أن الرئيس البرازيلي "لولا ده سيلفا"، فاجأ الناس في خطابه الجماهيري الأول بعد فوزه الساحق في انتخابات الرئاسة وقد اعتلى المنصة رافعاً بيده حذاءً ليقول: "وصلني اليوم هذا الحذاء هدية من عمدة مدينة "فراتكو". فعرفت على الفور أن القصد من هذه الهدية هو تذكيري أنني ربما مسحت له يوماً حذاءه أو حذاء والده أيام كنت أعمل ماسحاً للأحذية وأنا طفل فقير. هذا شرف كبير لبلدنا أن يصبح ماسح الأحذية رئيساً للبلاد.."

إن كبار القياديين في العالم تخلوا عن ألقابهم وأموالهم ليكونوا قدوة للإنسان في بلادهم. أما نحن وللأسف، لسنا على استعداد للتخلي عن امتيازاتنا "الرخيصة نسبياً" وإن كان علينا أن نقتل كل الناس في بلادنا..

●

خاطرة

يكابر المنافق عندما لا يعترف بأخطائه بظنه أنه قادر على الاختباء وراء أصبعه وأنه سيحظى بتقدير الآخرين له دون شك. الواقع أن ما يحصل هو العكس لأنه مع الكذب يفقد المرء كل أمل بالتقدير والاحترام. وقد يظن البعض أن الاحترام واجب لهم دون قيد أو شرط والحقيقة أنه شرف يعطى لمستحقيه وليس لطالبيه..

خاطرة

يجمع الناس على أن الموت حق وأجل لا بد منه. وتعبيراً عن الإيمان يردد البعض "من آمن بي وإن مات فسيحيا" والبعض الآخر "إنا لله وإنا إليه راجعون". والغريب أننا، رغم الرضى والتسليم لمشيئته تعالى، نتفق على اعتبار الموت نهاية مشؤومة، ويفوتنا أنه مظهر من مظاهر الحياة في سيرها واستمرارها وأنه لولا الموت لما عرفنا الحياة كما أنه لولا الظلمة لما كان النور..

"المنحى الأخلاقي في فكر كمال جنبلاط":

مسلكٌ روحانيٌ عرفانيٌ لتحريرِ الإنسانِ من شرِّ ذاته..

كتبت هذه المداخلة بتاريخ اليوم 2019/06/30، بعد مرور عشرين سنة على نشر البحث الأكاديمي للصديقة السيدة ريما البراضعي بعنوان "المنحى الأخلاقي في فكر كمال جنبلاط"، هذا البحث المعقد نسبياً الذي تناول شخصية كبيرة مميزة كانت لها صولات وجولات في عالم الإنسان، وقد كان موضوع دراستها لنيل شهادة الماجستير في الفلسفة عام 1999.

عندما تناولتُ الكتابَ للوهلةِ الأولى، استغربتُ أن يكون هناك عنوانٌ كهذا ذلك أن المنحى الأخلاقي يبدو جلياً في كلِّ ما كتب كمال جنبلاط ولا داعٍ بالتالي لتظهيرِه وكأنه غيرُ ظاهرٍ بالأساس. أقول هذا يقيناً بما قرأتُ وكتبتُ وعرفتُ عن صاحب القامة الكبيرة. لذلك اكتفيتُ، بحضورِ المؤلفة الصديقة ريما البراضعي عندما قدَّمتْ ليَ الكتابَ، بتقديمِ الشكرِ لها دون الدخولِ بالتفاصيل على أن أستكملَ تكوينَ الرأي بعد قراءتِه ومراجعةِ جميعِ فصولِه.

ومما كتبتُه أنا شخصياً عن كمال جنبلاط عام 2009، وكانت المناسبة الذكرى الستين لتأسيس الحزب التقدمي الإشتراكي، قلتُ أنه من الطبيعي أن يتأثرَ جنبلاط بما يدورُ من حولِه لتحديدِ خياراتِه وتوجهاتِه يوم طُلبَ منه تسلُّمِ الزعامة الجنبلاطية في الأربعيناتِ من القرن الماضي وهو ابنُ

العائلة الإقطاعية العريقةِ في ذلك الزمان، غير أن الميلَ إلى الخيارِ الإنساني الذي جاء نتيجةَ مطالعاتِه واطلاعاتِه على التياراتِ الفكريةِ الجديدةِ التي تعرَّفَ عليها في فرنسا من خلال ثيار ده شاردان وهنري برغسون وغيرهِما، كان الأقوى لديه، مما جعلَهُ يسخِّرُ السياسةَ من أجلِ الفكرِ بدلاً من أن يسخِّر الفكرَ من أجلِ السياسةِ. ويقولُ فيه ميخائيل نعيمة في هذا المجال: "كمال جنبلاط.. هو السياسيُ بين الفلاسفةِ والفيلسوفُ بين السياسيين."

من الواضحِ أنه، من خلالِ سلوكِه داخلَ بيئتِه الاجتماعيةِ، لم يرسمْ كمال جنبلاط لنفسه الشخصيةَ السياسيةَ التقليديةَ، كما أنه لم تغره مظاهرُ السطوةِ والعظمةِ والقيادةِ وقد كانتْ متوفرةً له جميعُها على طبقٍ من فضة. حتى أنه لم يخطرْ ببالِه أن يعملَ في السياسةِ، ليس من باب الرفضِ المطلقِ ربما، ولكن من بابِ عدمِ الرغبةِ في أن يكونَ شريكاً في نظامٍ غيرِ إنساني لا يضمنُ العدالةَ للناسِ والمساواةَ فيما بينهم. هذا هو الأرجحُ، خاصةً بعد أن تفتحتْ شهيتُه على الفلسفاتِ الإنسانيةِ والروحانيةِ التي كان يطالعُها بشكلٍ يومي وتُعنى جميعُها بالمعتقداتِ الدينيةِ والفكريةِ على اختلافِها كما تُعنى بالحرياتِ وحقوقِ الإنسان.. وهكذا تبلورتْ مفاهيمُه وتمحورتْ حولَ النظرياتِ الإنسانيةِ، ولم يكنْ ليسلكَ طريقَ السياسةِ اللبنانيةِ التقليديةِ كما فعلَ غيرُهُ من السياسيين، بل راحَ يفتِّشُ عمّا يساعدُ على تحقيقِ حريةِ الإنسانِ وحمايةِ حقوقِهِ المشروعةِ بما أوتيَ من فكرٍ ومعرفةٍ ونفوذٍ.. وكأني بالمنحى الأخلاقي الذي أشارتْ إليه الصديقةُ ريما

البراضعي، هو مسلكٌ روحانيٌ عرفانيٌ لتحريرِ الإنسانِ من شرِّ ذاتِه..

في منتصفِ الأربعينات، كان كمال جنبلاط قد استوْعبَ الدورَ الذي ينتظرُهُ، فصمَّمَ على المضيِ قدماً في صراعٍ على جبهتين: الأولى في محاربةِ الاستعمارِ الغربي الذي يسعى بقوتِهِ الماديةِ وتطوُّرِهِ التكنولوجي إلى ارتهانِ الانسانِ والإنقضاضِ على الحقوقِ الوطنيةِ من أرضٍ ومياهٍ وفكرٍ وثقافةٍ. والثانيةُ في تحريرِ المواطنِ من عقدةِ الخوفِ وتلقينِهِ الفكرَ المتطوِّرَ الذي يتلاءَمُ مع حقِّهِ في حياةٍ عزيزةٍ لا ارتهانَ فيها ولا تبعية. وقد حقَّقَ ذلك عبْرَ طرحِه للأفكارِ والنظرياتِ التي تشرحُ الحقوقَ الإنسانيةَ والعلاقةَ العضويةَ التي لا تنفصلُ بين الروحِ والمادةِ في الذاتِ البشرية. ومن الواضحِ أن أفكارَهُ المعبِّرةَ، في "الديمقراطية الجديدة" و"ثورة في عالم الانسان" و"نحو اشتراكية أكثر إنسانية" وغيرِها من الكتاباتِ، كانتْ تصبُّ جميعُها في خدمةِ الانسانِ "الذي أخذَ يبتعدُ عن مصدرِهِ وحقيقتِهِ" كما يقول.. وكان تأسيسُ الحزبِ التقدمي الإشتراكي في العام 1949 أبرزَ المحطاتِ التي كرَّسَتْ زعامتَهُ، ليسَ كزعيمٍ عائليٍ أو طائفيٍ أو إقطاعيٍ في إطارِهِ الضيقِ، وإنما كزعيمٍ إنسانيٍ يسعى إلى خيرِ وسعادةِ الإنسانِ داخلَ حدودِ الوطنِ وفيما يتعدّى الحدودَ. وكأني بـ "المعلمِ" يؤسِّسُ مدرسةً لا حزباً لبناءِ وطنٍ جديدٍ شعارُهُ "وطنٌ حرٌ وشعبٌ سعيد"..

ما تقدَّمَ كان خلاصةَ نظرتي المتواضعةِ إلى قامةٍ كبيرةٍ كان لها دورٌ طليعيٌ في الإضاءةِ على إنسانيةِ المواطنِ في لبنان

وقد حثَّ كلَّ من قرأَه أو سمعَه على الإنتفاضِ ورفضِ الإستسلام للأمرِ الواقعِ، وبالتالي الإسهامِ في بناءِ المجتمعِ الجديدِ..

في عودةٍ إلى الكتاب الذي نحن بصددِهِ الآن، تتراءى لنا الكاتبةُ وكأنَّها تسيرُ في حقولِ الكمِّ الهائلِ من المؤلفاتِ التي تركها كمال جنبلاط، لتقطِفَ من مناهلِها كلَّ ما يصبُّ في أدبِ الأخلاقِ الذي تميَّزَ به: في العلاقةِ بين الانسانِ وخالقِهِ، في الترابطِ بين الفردِ والمجتمعِ، في شرحِ مرجعيةِ الأخلاقِ العقليةِ المتمثلةِ بالحريةِ والوعي والتطورِ، والأهمُّ من هذا كلِهِ في كيفيةِ توجيهِ سلوكِ الأفرادِ الأخلاقي بالقيمِ الإنسانيةِ.
ولدى تنقُّلِها في حديقةِ المعلمِ الواسعةِ، تناولتْ ريما البراضعي الفكرَ الأخلاقي الإنساني الذي يبدو واضحاً في كلِّ ما كتبَهُ جنبلاط حيثُ تجلَّتْ لها الحقيقةُ التي تربِطُ بين الممارساتِ النظريةِ والتطبيقاتِ العمليةِ أي بين التصوفِ والسياسةِ، وخلصَتْ إلى القولِ "إن ارتباطَ التصوفِ بالسياسةِ أمرٌ حتميٌ لدى كمال جنبلاط باعتبارِ أن السياسةَ هي ما تعبِّرُ عنه الفلسفةُ العمليةُ، ولكونِها الجوَّ الذي تتبلورُ ضِمنَه الأخلاقُ".
ومما لا شكَّ فيه أن المبادىءَ الأخلاقيةَ النظريةَ تتعددُ وتتنوعُ بتعدُّدِ واضعيها إلا أنَّها تظهرُ تطبيقاتُها العمليةُ في النهجِ الروحاني الذي استخدمَهُ المعلمُ، وقد شكَّلتْ القالبَ الموحَّدَ الهادفَ إلى خيرِ وسعادةِ الإنسانِ. يتبينُ لك وأنت تقرأُ مؤلفاتِه المتعددةِ ذلك الخيطُ الصوفيُ الذي يَربطُ فيما

بين مراحلَ حياتِه ويُبرزُ ميولَهُ الروحانيةَ وانشغالَهُ بالفلسفاتِ الانسانيةِ التي ساعدتْه في عملِه السياسي والاجتماعي ومكَّنتْهُ من معالجةِ هموم الناسِ وحلِّ مشاكلِهم. وقد كانتْ مصادرُهُ المعرفيةِ متعدِّدةً ومتنوِّعةً، ومنها اليونانية والمصرية والصينية والهندية والمراجعِ الدينيةِ على اختلافِها، وأبرزُها المرجعيةُ الدينيةُ التوحيديةُ التي تجدُ جذورَها في الفلسفاتِ القديمةِ وقد ساعدتْه كثيراً في صياغةِ نظرياتِه الفلسفيةِ..

أما الأخلاقَ فهي، بنظر جنبلاط جوهرٌ أساسيٌ في الانسانِ، ومن الضروري العودةُ إلى اختباراتِ الأقدمين والاستفادةُ من تجاربِهم القويمةِ بحيث تصبحُ الأخلاقُ إلتزاماً إرادياً وليس إلزاماً. وهو يرى في هذا، عودةً إلى الأصالةِ وسعياً للنفسِ في بحثِها عن الجمالِ والحقيقةِ. ولما كانت تُعتبرُ التربيةُ أساسيةً في حياةِ الانسان، فهي لا تتمُّ على مستوى الفكرِ وحسبْ، وإنما بالتربيةِ الصحيةِ والجسديةِ كذلك. وهذا النوعُ من التربيةِ يؤدي إلى خلقِ نخبةٍ قادرةٍ على تطويرِ المجتمعِ، ومفهومُ النخبةِ هذا مستوحىً من المقاييسِ الثلاثةِ التي اعتمَدَها الدعاةُ الفاطميون الكبارُ وهي: الكفاءاتُ العقليةِ، والأخلاقُ، والعملُ الاجتماعي الإعماري.

في هذا الإطارِ التربوي الأصيلِ تمَّ للكاتبةِ الكشفُ عن شخصيةِ كمال جنبلاط واستنباطُ الخصائصَ الفكرية الروحانيةَ التي ميَّزتْهُ عن غيره من السياسيين، والحديث عنه قد يجرُّنا إلى عناوينَ ودراساتٍ له وعنه لا تُحصى. وما دعاني إلى مقاربةِ الدراسةِ القيمةِ التي وضعتْها ريما

بعنوانِ "المنحى الأخلاقي في فكر كمال جنبلاط"، هو فضولي العلمي لفهمِ ومعرفةِ كيف توصّلتْ، وكانتْ في العشريناتِ من عمرِها، إلى وضعِ بحثٍ معقدٍ من هذا النوعِ خاصةً أنه أغفلتْه جميعُ الدراساتِ التي نُشِرتْ حولَ فكرِهِ، وكنتُ قد أبديتُ استغرابي في بادىء الأمر، ذلك أن المنحى الأخلاقي يبدو لي جلياً في كل ما كتبه المعلمُ. هذا بالطبع قبل أن أقرأ الكتاب. أما بعد.. فإنني أرفعُ القبّعةَ لها تحيةَ لجهودها وتقديراً لإنجازِها الفريدِ وجرأتِها النادرةِ في خروجِها "الجميلِ" عن المألوف. قرأتُ الكتابَ وأُعجبتُ بما قرأتُ وتوقفتُ ملياً عند كلِّ فصلٍ ومنعطفٍ لأخلصَ إلى القول.. إن أجملَ ما في البحثِ ذلك العرضُ الأكاديمي الواضحُ الذي قدَّمتْه ريما البراضعي بعد جدٍ وعناءٍ كبيرين من القراءةِ والمراجعةِ والاستنتاج..

●

خاطرة

عند الخيارات الحاسمة، لا بد من وقفة شجاعة ولو كانت على حساب راحتنا أو سعادتنا الآنية أحياناً.. كثيراً ما يقع الإنسان في مواقف كهذه في مطبات الأنانية الفردية بحيث تأخذه الحسابات الرخيصة بما قد يجنيه من نتاج قراره. فالأجدى بألا نجعل قراراتنا بما تحققه لنا من مكاسب بل بما يجنيه حسن الخيار لراحة الفكر والضمير..

خاطرة

في ذكرى رحيل الأب الروحي والمعلم الكبير ميخائيل نعيمة، يحلو التأمل واستحضار روحه الطاهرة التي بلغت في حياتها الأرضية أعلى درجات المعرفة والرقي الروحاني في رحلة الذات إلى الذات والذوبان في المرتجى الأسمى.. كما تحلو الصلاة واستحضار أفكاره وأقواله التي رسمت بمضمونها أضواء المحبة لتكون الهادية لكل عابر ضلَّ الطريق..

ألم الآهات..

2019/07/03

آهٍ كم تَرسُمُ الأحلامُ
في رحْبِ الخيالِ قصوراً..
وكم تُلقي الأوهامُ
في حنايا الصدرِ حبوراً..
يمضي الزمانُ وينطوي
حاملاً معَه أثقالَه!
فلا الحلمُ واعداً يبدو
ولا الوهمُ يَجني سروراً

وأتابعُ الدربَ بثغرٍ باسمٍ
رَغْمَ آلامِ السنينِ..
لعلَّ وجعُ الآهاتِ إذا علا،
يُحرّكُ نبْضَ الحنينِ..

إلى الحبِّ والجمالِ تارةً،
أو إلى ما يَروي ظنوني
من قلقِ الفكرِ الرنين..

آه على ليالٍ ساكنتْ روحي
حَسِبْتُها دهراً داكناً
لا ينجلي..
سلَّمتُ بها قدراً مرسوماً
على جبيني..
وقدرُ المرءِ حتميٌّ أزليّ..

أصبحتْ الآهاتُ بعضي
رَغْمَ أوجاعِها..
وكالظل أَلِفْتُها
إذ غدتْ رفيقةَ دربي..

كم أعشقُ ضيقها غصَّةً
تملأ حنايا صدريَ المتعبِ،

فلولا آلامُها ربما..

لا كانَ طعمُ العشقِ غالباً

ولا كان قيدُ الحبِ محبَّبي..

●

خاطرة

يتعدى المؤمن، من أي مذهب أو دين، المنظورَ الحسي إلى المنظورِ الروحاني في مساءلة ذاتية، مؤكداً بما أوتيَ من نفاذٍ في الرؤيةِ، أن اقترانَ هذه الحقيقةِ بالمرتجى الأسمى هو التحققُ بروح الله.. وتبقى الحرية أهم ما ينتجه الإنسان في سلوكه العرفاني بحيث يتفاعل معها وهي تغرد داخل سربها الاجتماعي الطبيعي ويرفض كل ما يعرض هذا التناغم الإنساني إلى الزعزعة..

عظمة الكلمة

2019/07/08

سمعتكِ
تستغفِرين العصافيرَ المهاجرة
وتطلبين منها عفواً
وسماحاً..
لأنكِ أخذتِ الأشجارَ التي تظلّلُ أوكارَها
لتحوّليــها أقلامــاً
وأوراقاً..
تصبّينَ عليها الأحاسيسَ
والأفكارَ..

عفواً سيدتي..
فما أنت بسارقة لتستجديَ السماح..
ولا أنتِ جانية..
تنكأ عمق الجراح

إنكِ منْ يبشّرُ

بأحاسيس طهرٍ عالية..

فعظمةُ الكلمةِ

التي فيها تنطقينَ..

تنبعُ من صدقِ العاطفة..!

●

خاطرة

من الأصدق في ثلاثة يتشابهون في تجاوزهم للعقل، الشاعر والعاشق والمجنون.؟ فالشاعر يسرح خياله في أبعادٍ تتعدى حدود العقل والمنطق ما يتلاءم وصورته الشعرية. والعاشق، يتخلى عما يمليه العقل من أصولٍ أوجبتها العادات والتقاليد، ليتعلق بالغريزة التي تشده باتجاه الحبيب. أما المجنون فهو شبه فاقدٍ للعقل وخارج عن المألوف وتأتي أقواله وأفعاله بلا ضوابط وبدون تكلف.. أو ليس الأخير هو الأصدق؟!

خاطرة

•

الله والوجود والعلاقة الروحية الجامعة، يشكلون ثالوث الوجود المتكامل والمتوازن. والوجود بمن فيه وما فيه، هو بحسب فلسفة التوحيد، بدوٌ من الله أي ما بدا من الله أو ظهر عنه. وهكذا نتحقق من أننا بعض الله العارفون لذاتنا بذاتنا بفعل التأمل والإشراق.

أيها الناس: لقد بدا الله فيكم، علكم ترشدون..

الحسناء الباكية

2019/07/15

تخاطِبُني بلغةِ الحبّ

وهمسِ العاشقين..

تبوحُ لي بمكنوناتِها

وأسرارِها..

تكشِفُ عن هواجسِها وتزيلُ

كلَّ الحواجزِ الشائكة..

وبدون تردُّدٍ

تعلنُ انتسابَها إلى "ثورتـي" المتوقِّدةِ

بتوقيع: "الحسناءُ الباكية"..

وتتكرَّرُ رسائلُها

ونداءاتُها

وبريقٌ من السحرِ

في طيَّاتها..

حتى باتتْ
وكأنَّها الزادُ الذي أنتظره
وأحتاجُهُ
مع إطلالةِ كلِّ صباح..

جاءتْ إليَّ بدونِ استئذانٍ
أو إخطار..
ملكتْ قلبي وعقلي
من دونِ أن ألمحَ رسمَها
أو يلمعَ في ذهني
حتى إسمُها..
أهو الإدمانُ
على رسائلِ حبٍ..
تُروي غروري وجنوني..
أم أنه الترقُّبُ
لسماعِ همساتٍ من الشوقِ
صافية..
بتوقيع "الحسناء الباكية"..؟

كم تمنَّيتُ لو يتوقَّفُ لقبُها

عندَ "الحسناء" دون "الباكية"

أو إضافةَ "الباسمة"

إن كانتْ تصرُّ على ثُنائيةِ إسمِها..

لما تحمِلُ همساتُها

من الحبِّ والوعدِ الباسمِ..

فارفضي البكاءَ

أيتُها الحسناءُ العاشقة..

وافتحي نافذتَك

للنورِ والابتسامِ..

فكم هو جميلٌ أن تتحوّلي

إلى الحسناءِ "الباسمة"..

●

خاطرة

أخي.. لا تتعالَ على من هم دونِك في المعرفة والترقي. فقد يلزم هؤلاء بعض الوقت لتكتملَ الصورة لديهم بكليتها وإن تمسَّكوا اليومَ بشكلياتٍ آنيةٍ زائفةٍ.. فالسير باتجاه الحقيقة هو الغاية التي ينشدها كل إنسان عندما يشعُّ في صدره نور الإيمان والمعرفة.. فلا ترمِ سهام الغضب بوجه من ضلَّ الطريق، بل افتح قلبك للصفح وإنما الصفح للأحرار..!

عزيزتي الملكة

2019/07/30

عزيزتي الملكة..

أهو اسمُكِ أم رغبةٌ بالسلطةِ

لديكِ،

أن تكوني على عرشِ الحبِ

سيّدةً واثقةً

آمرةً ناهيةً..

بقلبٍ ينبضُ برقةٍ وحنانٍ

وصمتٍ ينطق بسلطان..

كلما نظرتُ إلى توقيعكِ

في ذيلِ الرسالةِ "ودمتَ للملكة"..

يستفِزُّني التوقيعُ

ويثيرُني الفضولُ إلى القراءةِ
مجدداً..
إلى مراجعةِ الكلماتِ
ولو تكراراً..
أهو اسمُكِ الملكة
أم أنكِ الملكةُ
سيدةُ القصرِ الأولى..!؟

وأعودُ في كلِ مرّةٍ
إلى ذاتِ القرارِ لأسألَ:
ما الفرقُ
في أن يكونَ اسمُها
"الملكة"
أو أن تكونَ هي
الملكة..؟
طالما أنها تحدِّثُ بلغةِ
مِلِكاتِ الوفاءِ
وأميراتِ الغرامِ..

تُسابقُ الشوقَ كلماتُها

وتلامسُ الروحَ

همساتُها..

وتُلقي بظلالِ مودتها

أحرفاً على رسالتي

لينحنيَ تواضعي الخجولُ..

مباركٌ لكِ عرشُ الحبِّ

سيدتي..

إنه عرشُ الحياةِ الذي

لا يزولُ..

●

خاطرة

•

لا تلعنهم يا أخي إن هم رفضوا ودَّك وراحوا يغرِبون في كلامهم ويتبجحون زهواً.. إن في إنكارهم للنور اعترافاً به وتقزيماً فاضحاً لهم.. ظنَّ خيراً صديقي إذا ما حاولوا الطعن والغدرَ من خلفِك، فإنه الدليلُ القاطعُ على أنك في المقدمة.!!

الكلمات الهاربة..

2019/08/05

كلما قرأتكِ مرةً
يتراءى لي وجهُكِ
خلفَ السطورِ
كلماتٍ مترقبةً
مذعورةً
تتــهيأ الوثوبَ لتحتلَّ الواجهةَ
وما تلْبثُ أن تغيبَ..

كلما قرأتكِ مرةً
يشدُّني إليكِ الحنينُ..
إلى الكلماتِ الهاربةِ وقد ضلتْ
طريقَها
في عتمةِ الحلمِ السعيدِ..

أشتاقكِ

أناديـكِ

ألاحقكِ!

علني أقفلُ عليكِ الطريقَ

لتعودي..

أنظر إلى الكلماتِ الحائرةِ

متأملاً

وإلى ما تخفي السطور..

فتتسعُ حدقتايَ

شغفاً ووصالاً

وكأنني بلغتُ في الإستشراقِ

فوزاً عظيماً..

ثم تعودُ الرهبةُ لتأسرَني

من جديد..

فأخشى أن ينقطعَ الوصالُ

إذا ما رفَّ ليَ جفنٌ..

وأخافُ أن يذوبَ رسمُكِ
أو يغيب
أن يسقطَ الحلمُ
في مجرى المغيب
وتنحرفَ الكلمات
عن سرها الرهيب..

سأظلُّ ألاحِقُ رسمَك
والكلماتِ..
وليسَ في لمِّ الشتاتِ
مكابرةٌ..!
علَّني أجمعُ ذكرياتٍ عبرتْ
ولو شاعَ أنكِ هاربةٌ..

●

خاطرة

•

جاءنا يحدِّث بلسانٍ واثقٍ حكيمٍ. يقول وعيناه تطفحان بالحنان: لا تغرِّدوا خارج السرب القويم في تعاملكم مع الآخرين، بل انظروا إليهم كما تنظرون إلى ذواتكم وتلاقوا. ففي تلاقيكم تتلاشى آلامُ المسافاتِ.. لا تصرفنكم الصغائرُ عن الكبائرِ ولا عودُ الثقابِ عن المنائرِ! فمن بلغ دربَ المحبة، هو قريبٌ لكلِّ عابر وحبيبٌ لكلِّ مسافر..

ضجيج الصمت

2019/08/25

نظرتُ إليها وكأنني
أسأَلُ عن سرٍّ
عالقٍ في وجهِها،
ذاتَ الخدودِ المبلَّلةِ
بدمعٍ من سواد..

كادتْ تفضَحُني عيناي
والشوقُ يرمقُني،
وإلى غربةِ السنينِ يحملُني..
إلى ماضٍ تعرّى وأنكرَ
ظِلالَه..
كالحالمِ الهائمِ
وقد أضْناه السُّهاد..
فعدْتُ أرقُبُ مُحيّاها

علّني أكشِفُ سرَّها
رغمَ الظلامِ
بينَ السكونِ الرهيبِ
وجلجلةِ الصمتِ الكبير..

وتكراراً فعلتُ
لنيلِ الرضى بمهمتي.
لا رسماً
يدلُّ إلى غايتي
أو همساً يحثُّ الذاكرة،
بل إصراراً
إلى السبيلِ!
رغمَ ظروفِ التجرِبة..

وكومضةِ البرقِ
بدَّدَ الصمتُ شحوبَها.
فعرفتُ سرَّ الدموعِ وكيفَ
أفكُّ قيدَها..

ما على الوجدِ من مكابرٍ

تجبَّرَ..

فكيفَ بلطفِ السِّحرِ

في ظلِّها..

أعشقُ الصَّمتَ لكنّي أخافُه

قدراً لازماً لا يستكين..

فالصَّمتُ يفضحُ ضجيجَهُ

ولَعَ القلوبِ

وأسرارَ العاشقين..

●

خاطرة

يؤخذُ على البعضِ أنهم ينسلخون عن واقعهِم في كثيرٍ من تصرفاتهم ليعيشوا أحلاماً بعيدة الفائدةِ والمنالِ. وقد تدخلُهم أحلامُهم في كثيرٍ من الحالات، في نفقٍ من الوهمِ والضلالِ بدلاً من أن تجلبَ لهم الطمأنينة وراحة البالِ.. وتفادياً لكل هذا وطالما أننا غير قادرين على التحكم بالواقع، فلنعشْ حاضرنا بما فيه قبل أن يأتيَ اليومُ الذي تنعدمُ فيه الأحلامُ أو تتحولُ إلى أوهامٍ قاتلة..

عتمة الطريق

2019/09/10

سوف أعدو في الحقول
والبراري..
سأتسلق الجبال مهما علت.
وأقطع المسافات
مهما بعدت..
علني أبلغ شاطىء الأمان
والحنان،
قبل أن يدركني الضباب بكثافته
وتشتد العاصفة..
قبل أت تغيبَ صورتُك عن ناظريّ
وكلُّ ما في الوجود..
فما عدتُ أحتملُ
عتمة الطريق القاتلة..

خاطرة

ليسَ في الحياةِ ما يعترضُ سيرَها رغم بعض المظاهرَ التي تبدو متناقضة.. ومثالُها الليلُ والنهارُ حيث يبدأ الأولُ عندما ينتهي الثاني بتواصلٍ كلي لا يتوقفُ، والضحكُ والبكاءُ: فآخرُ الضحكِ دموع متساقطة وآخرُ البكاءِ همساتٌ ضاحكة. كذلك هما الضوءُ والعتمةُ والشروقُ والغروبُ واللائحة تطولُ.. فالذين يحملون في نفوسِهم حنيناً إلى المعرفةِ والترقي، هم دائماً الذين يرسمونَ الصورة الأسمى للحياة..

سيدتي بيروت..

2019/10/20

رجموها بحجارةِ النكرانِ
أنزلوا فيها الشتائمَ..
أضرموا فـي أحشائِها النارَ
واستباحوا سكينتَها
في عتمةِ الليلِ،
ليحمِلوا أشهى الغنائمِ..

ضربوها في عزِّها
ليقطعوا نسلَ الأبطالِ..
ظناً بإرهابِهم
يقتلون شَهْمَ الأجيالِ..
ألبسوها ثوبَ الحِدادِ
في يومِ عرسِها..
قالوا تمادتْ ! قالوا أحبَّتْ !
هذا عقابُ من يُحبُّ..

ضربوكِ في المهدِ سيدتي..
يا فرحاً يتهادى من البعيدْ.
هم يألفون الذلَّ غنيمةً،
والفرحُ للأحرار.. ليس للعبيـدْ.
فلا تركعي!
ولا تنحنـي!
لأنكِ من السيفِ أمضى
ومن غدْرِ المنيةِ أقوى..
وعلى قدميْكِ..
ستتلاشى أمواجُ العهرِ ندامةً
يومَ تنتفضين لتعلنينَ القيامةَ..!

معذرةً سيدتي الصابرة..
إمسحي عن وجهِكِ
دموعَ الغضب الحائرة..
أعترفُ أننا أبخْناكِ للغدرِ
يوم رحلنا عنكِ..
فاستحللوا وداعتَكِ للنيلِ منكِ..

يا بسمةً زاهيةً على ثغرِ الربيعِ

أراكِ فرحاً

يغمر وجوه أطفالنا.

وحنيناً إلى الحبِّ،

في ظلمة أحلامنا..

ما كانوا همْ ليعشقوا الحياةَ

وقد أثلجَ رأسَهم ليلُ الصقيعِ..

هدئي من روعِكِ حبيبتي

إن غداً لناظرِه بديعٌ..

سيدتي بيروتَ عفواً..

إنني مثلكِ أَعشقُ الكرامةَ..

قالوا: أتحبُها؟..

لتغضَّ الطرفَ عنها؟

قلتُ: وهل أغلى من الحبيبِ..!؟

قالوا: تمادتْ!

قلتُ: خيراً..

قالوا: أَحبَّتْ!

قلتُ: جَهراً..

وهل هذا عقابُ من يحبُّ..؟

سيداتي سادتي: اسمعوا جيداً..

ذنبُ بيروتَ أحبَّتْ..!!

●

خاطرة

يتوهم البعض أنه باستطاعتهم سرقة الأضواء ولفت النظر إلى ما يقومون به من زلات وهرطقات، بمجرد تجاهل إنجازات الآخرين القائمة على العلم والمعرفة. فإن كنت واثقاً مما تقول أو تفعل، الأفضل ألا تجادل مثل هؤلاء حتى ولو كنت أنت المعني بانتقادهم. فقط ارمهم بابتسامة واعدة، فالابتسامة تفعل الكثير ولا تكلف إلا القليل..

خاطرة

•

غريبٌ كيف أصبحَ الإنسانُ كالآلةِ بدونِ عقلٍ يُحرِّكُها. استساغ الأسرَ لأوهامٍ تقعدُه وسلم أمره لربِّه الذي هو "على كلِّ شيءٍ قدير". وكأن الله بات أجيراً لدينا كالخادم الأمين، وما علينا سوى استجدائِه بما توفرَ من دعاءٍ وخيرِ الكلام وهو "السميعُ المجيب".. ويبقى السؤال: هل باسترخائنا وهروبنا إلى الله ما يحقق نيل العلى..؟ وهل يتفرغ الله لأجلنا حصراً دون غيرنا من المؤمنين..؟

صلاة العيد

2019/12/24

وتسألني.. عن العيدِ القادم
في مواكب الأعياد
وأنا في عزلة الغربة القاتمة،
يتآكلني الضجرُ
في غربة عن الذات
وغربة عن الوطن..
أرتدي زياً غريباً،
وأتكلم لغةً غريبةً!
وأمشي على الأرض كالغريب..

فكيف لي أن أصحوَ من غربتي
وفي البال يتزاحم ألف سؤال..؟
كيف للعيد أن ينتشيَ
في عيون دامعة

وللبسمة أن تعلوَ
على ثغور عابسة..؟

كيف تطلق الزغاريد
وأطفالنا
تعبر العمر بدون طفولة..؟
كيف تدق أجراس العيد
وقد غاب عن كتابنا
سِفرُ البطولة..؟

فلمن تدق الأجراس
ونواح الحزانى ينقر في الآذان
كرمْي الرصاص..؟

أوَ ليس العيد..
أن نقتلعَ شوك الشرور
من صدورنا
لتنموَ المحبة ويزهرَ السلام؟

وأن يُهزمَ الجفاء في قلوبنا
فنجني القطاف حلوَ الوئام؟

أوَ ليس العيد أن نذهبَ
إلى فقراء الأعياد الصابرين
فنعلمَ الغناء للبكم
والرقص للمقعدين..

لم الدهشة ولم السؤال؟
ولمَ الشعور بغربة الذات..
فإن كان لنا أن نردد صلاتنا
لننتصر على ذاتنا
فذلك هو قدرنا
وتلك هي صلاة العيد..

●

خاطرة

يصلني في اليوم القصير عددٌ من الأقوال والحكم لمشاهير في الأدب والفكر مرفقة بتعليقات لملتقطيها من على صفحات التواصل الاجتماعي، تبدأ بجملة تقول: "من أجمل ما قرأت" ويليها القول الحكيم دون ذكر إسم المؤلف الذي صوّر هذا الجمال (في أغلب الأحيان).. كما ينشر البعض أقوالاً وحكماً دون ذكر كاتبها وفي هذا أعلى درجات الغش فضلاً عن أنه تعدٍ على حقوق الملكية الأدبية لأصحابها.

في وداع الأخ والصديق أحمد التنوري..

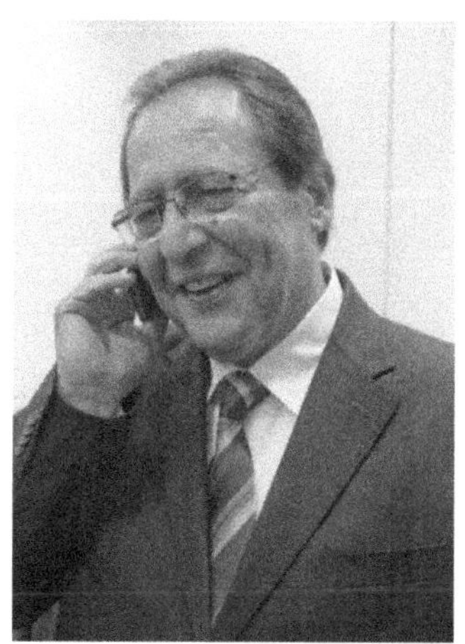

2020/01/08

عرفته الإنسان المتميز بوداعته وبراءته اللتين قرَّبتا إليه كل من عرفه فأحبه.. كما عرفته الشاعر المتطلعَ إلى رؤى الخيال البعيد، في محاولات دؤوبة ومطالعات مستفيضة لاستنباط وكشف مكامن هذا العالم، من حبٍ وعلمٍ وجمالٍ، ولم يجزم يوماً بما كان يعلم.. وكأن في محاولاته لكشف أسرار الكون القدسية طوال سنيّ حياته المعرفية، ما يسقط "الأنا" الشخصانية في هاوية الباطل ومستنقع العدم، فتطمئن الروح وتحدث بما تأتيه.. بنعمة ربّها..!!

وحدُهم المؤمنون البالغون سرَّ الإشراقِ والعِرفانِ، من أيِّ مذهبٍ أو دينٍ، يؤتون الخيرَ الوفيرَ والفوزَ العظيمَ.. فهؤلاء قد أدركوا أن حدائقَ النعيمِ ليستْ لقاصدِها منالاً سهلاً.. على الأرضِ كما في السماءِ.!

مهما أقول في أحمد التنوري وقد قلتُ فيه الكثير فيما مضى، يبقى الاختصار هو الأبلغ: هو الإنسانيةُ في شموخِها والمحبةُ في أرقى معانيها.. هو الصديقُ الأوفى الذي اختبرَتْه التجارِبُ.. والرجلُ الصامدُ في ثباتِه وإقدامِه.. لم تغيرْه الأحوالُ رَغم قساوتِها ولا الأحلامُ رَغم صفوتِها بل كانت تُكشِفُ يوماً بعد يوم، عن النقاءِ الروحاني الذي كان يَتظلَّلُ بفيئِه وهو الذي لم يتركْ حدثاً صادفَه إلا وانطبعَ في وجدانِه ليُخرِجَه فيما بعد نفساً مسكوباً بقوالبَ شعريةٍ مفعمةٍ بالإحساسِ الصادقِ والمحبةِ الهادفةِ.

أهل رحل من تسامت روحه بالمكارم لأنه ضاق ذرعاً بما آلت إليه النفوس التائهة في بحر الظلام، وبما تأتيه من عصيّةٍ ونكران..؟

هل اختارَ صديقُنا الهروبَ من مَتاعِ الجسدِ ومقتنياتِه الدُنيويةِ حيثُ الانصرافُ عن نورِ الهدايةِ وجمالِ الأزليةِ..؟

هل فضَّل الابتعادَ عن حضارةٍ وهميةٍ لا تُشبعُ ولا تُروي ليتَّجِهَ إلى العقلِ الأرفعِ سبيلاً، في رحلةٍ واثقةٍ زادُها الإيمانُ والاطمئنانُ..؟

سيفتقدك كثيرون أيها الحبيبُ المسافرُ، في محيطِ العائلةِ والأصدقاءِ، في ندوات أمسياتٍ شعريةٍ وفعاليات مركزِ التراثِ العربي، وعزاءُ الجميعِ بالتسليمِ والقبولِ وليسَ بالاعتراضِ على مشيئةِ من دعاكَ إليه..

فانعم صديقي حيث حللت، بدفء نور الهادي وغفرانه..

●

خاطرة

يتذمر كثيرون في وصف سلبي لحالِهم الصحي ما يساعد على تطويرِ عقليةٍ إنهزاميةٍ يفقدُ معها الإنسانُ الأملَ والثقةَ بالنفسِ. ولمثل هذه الحالات هناك "العلاجُ بالكلام"، حيث يُطلبُ من المصاب الإدلاءَ بتصريحاتٍ إيجابيةٍ عن حياتِه، ما يعيدُ إليه الثقةَ بالنفس. وقد ثبُتَ أن ما يقولُهُ المرءُ عن نفسِهِ له تأثيرٌ أكبرُ عليه من أي شيئٍ يقولُهُ الآخرون عنه..؟

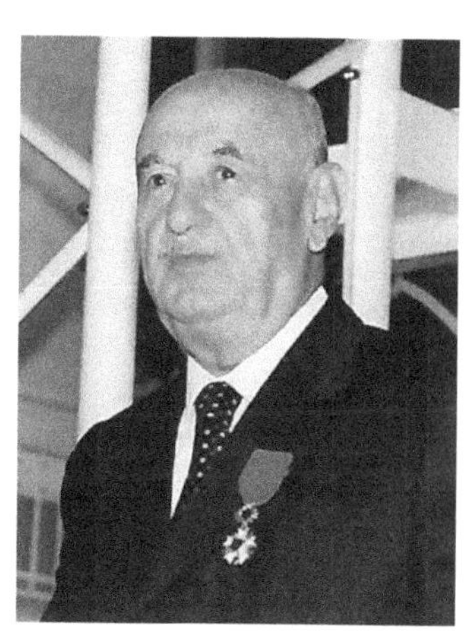

في الأربعين على رحيله:
تحية لروح المغفور له
المحامي الأستاذ
نديم حاطوم

2020/06/02

عاش عمراً حافلاً بحيويةٍ نادرةٍ وتجددٍ دائم، في المنزلِ كما في دائرةِ العمل، لكنَّه في يومِه الأخيرِ رحلَ وحيداً.. وكأنه تلقى نداءَ ربِّه ليلةَ الثالثِ والعشرين من نيسان، فأعدَّ نفسَه للرحيلِ في الصباحِ الباكرِ قبلَ أن تستيقظَ المدينةُ ويُذاعَ أمرُه.. هكذا اختارَ "العم نديم" أن يغادرَ من غيرِ وداعٍ، بعيداً عن عيونِ الناسِ وضوضاءِ النهار.!

أقولُ "العم نديم" لأنها التسميةُ المحببةُ والأقربُ إلى قلبي وقد كان بعطفِه وإرشادِه لي منذ الصِّغر بمثابةِ الأبِ أو العم قبلَ أن يشرِّفَني الزواجُ من كريمتِه فادية. هو المحامي الذي تعدَّدتْ مساهماتُه المهنيةِ واجتهاداتُه القانونية في خدمةِ الحقِ والعدالة.. صاحبُ المزايا الإنسانيةِ واليدِ البيضاءَ في إعانةِ المحتاجين، والوكيلُ العنيدُ في الدفاعِ عن المظلومين. هو الرجلُ المؤمنُ المتواضعُ الذي نظرَ إلى كلِّ الناسِ بعينِ المحبةِ الصافيةِ، فأحبَّه كلُّ من عرفَه من الناس.

كلماتٌ تختصِرُ فضائِلَ راحلِنا الكبيرِ الذي ضاقَ به الجسدُ فخلعَ عنه القميصَ الترابي لينتقلَ إلى جنةٍ خصَّها اللهُ بجوارِهِ للأرواحِ الساميةِ، تتظللُ بعطفِه وتنعمُ بدفئِه.. علها بما أوتيتْ من تهذيبٍ عقلاني وسلوكٍ عرفاني أدركتْ الروحَ الكليةَ في أبديتِها وخلودِها.

"نديم حاطوم" الذي تميزَ بوداعتِه وبراءتِه، يتحدَّدُ في مسيرتِه الإنسانيةِ بموقفٍ وذكرى: الموقفُ في سنيِّ حياتِه والذكرى بعد رحيله في الغيابِ. فإن قلتَ في الموقفِ، فمآثرُه في العمرِ الطويلِ شاهدةٌ عليه كرماً وترفعاً وتسامحاً، ولا بدَّ إلا أن تكونَ الذكرى في الغيابِ صورةً جليةً لما انطوتْ عليه شخصيتُه من أدبٍ ورقيِّ المكارمِ.. وكأني بالزمانِ يتوقَّفُ عندها بحُلوِ الصورِ والذكرياتِ فيطلُّ صاحبُها من خلفِها وقد اقترنَ بها، ليعيشَ حياةً جديدةً طالما أن الذكرى باقية..

لم يتوقفْ "الأستاذ نديم" عند مطالعاتِه القانونيةِ ومراجعاتِه أصولَ المحاكماتِ وحسب، بل تعدَّاها إلى قراءاتٍ مستفيضةٍ لاستنباطِ مكامنِ هذا العالمِ من حبٍ وعلمٍ وجمالٍ، كانت بمجملِها إضافةً إلى القيمِ التي آمنَ بها وجعلتْ منه إنساناً وفياً وزوجاً مثاليّاً وأباً صالحاً حاضناً لعائلةٍ مؤلفةٍ من خمسِ ورودٍ تَعبِقُ جميعُها بأريجِ الحبِّ والتواضعِ.

كان "أبو ربيع" يغمرُ جميعَ أولادِه بحسنِ العنايةِ والإرشادِ حتى في أيامِه الأخيرةِ قبلَ أن يُقعدَه المرضُ ويُرغمَه على ملازمةِ المنزلِ. وكان جميعُهم مِن حولِه يقدِّمون ما استطاعوا من الحبِّ والمراعاةِ ليخففوا عنه الآلامَ.. وبالرغمِ

من الظروفِ الصعبةِ التي مرَّ بها "العم نديم"، من أوجاعٍ مَرَضِيةٍ وتخبطٍ نفسيٍّ من سوداويةِ النسيانِ وتوقُّفِه عن الكلامِ في الفترةِ الأخيرةِ، لم يستسلمْ خائباً بل ظلَّ يقاومُ بعصبيةِ التحدّي، متوجهاً إلى مَن حولِه بعينين ذابلتين وابتسامةٍ عامرةٍ بالحبِّ والشوقِ ولسانُ حالِه يقولُ: اطمئِنوا فإني بألفِ خير.!

لا شك وأننا سنفتقدُ عذابةَ ذلك الوجهِ الرضيِّ وتلك الابتسامة المشرقة التي تضيء لنا الطريق إلى نهايته..

ففي رحيلِ ربِّ البيتِ فقدَ الجميعُ، بمن فيهم السيدة "أم ربيع" أطالَ الله بعمرِها، السندَ الواقي بوجهِ إخفاقاتِ الحياةِ، وابتسامةَ الأملِ القادرةِ على مواجهةِ الصعاب.. سنفتقدُه جميعُنا لعاطفتِه الصافيةِ ورأيِه السديدِ في العسرِ كما في اليسرِ، وسيبقى "أبو ربيع" لجميعِ أبنائِه وأحفادِه وكلِّ ذي صلةٍ بالعائلة، البوصلةَ التي تدلُّهم إلى وجهةِ الفرحِ الآتي والمنارةَ التي تضيءُ لهم دربَ المحبةِ إلى نبعِ الصفاء.

لن أسترسلَ بتعدادِ مزايا الحبيبِ الذي غابَ، إذ تعبرُ الكلماتُ أحياناً كالهاربِ الخجولِ لعجزِها عن الإفصاحِ والتعبيرِ، أو أن الوصفَ لا يزالُ قاصراً أمام قامةٍ تعدتْ المألوفَ في كِبريائِها وعَليائِها. وعزاؤنا بأي حالٍ ليسَ بالاعتراضِ والتحسُّرِ وإنما بالتسليمِ والقبولِ بمشيئةِ من دعاهُ إلى التوحُّدِ بروحِه السّاميةِ.

فهنيئاً لمن توحَّدوا بروحِ اللهِ.. ومنه يستقون.!

●

خاطرة

سمعته يخطبُ في جموعٍ من الناسِ. يثيرُ فيهم الحماسَ ويحرِّضُهم على مواجهةِ الذين يمسِكون بزمامِ الأمرِ تعسفاً ثم يضيفُ مفاخراً: نحنُ شعبٌ مغامر يزرع الدنيا مآثر..

أثارني الكلامُ لبرهةٍ ثم هدأتُ إذ اعتقدتُ أنّه يكفي استخدامِ الغضبِ لتحقيق المطالبِ وقد فاتني أنه.. علينا أن نتعلَّمَ كيف نغضَبُ..!!؟؟

في تكريم الدكتور وليد عمار..
أكثر من موقف وتعليق.!

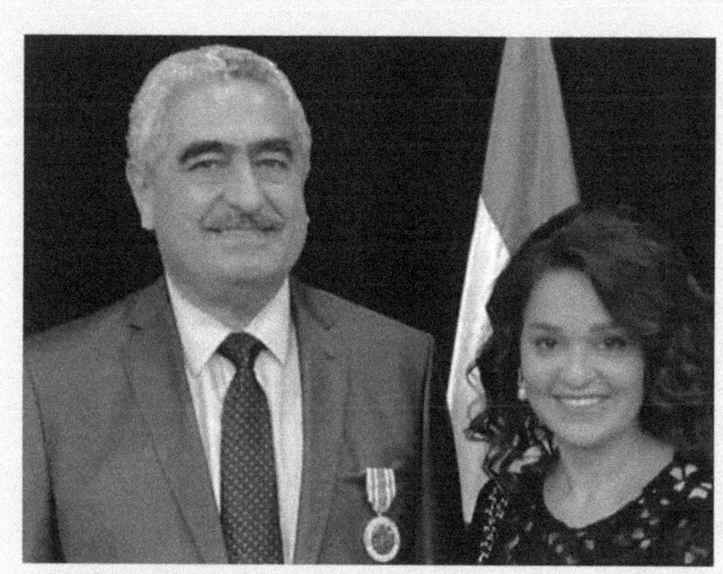

في تكريم الدكتور وليد عمّار.. اكثر من موقف وتعليق.!
بقلم خالد حميدان
http://jabalpress.com/news-details?id=2845

2020/06/07

أقيمت في الأسبوع الماضي سلسلة احتفالات تكريمية للدكتور وليد عمّار مدير عام وزارة الصحة العامة على أثر بلوغه سن التقاعد القانونية. وكانت هذه الاحتفالات مناسبةً للتعريف بشخص الدكتور وليد والإشادة بحرفيته وإنجازاته والإشارة إلى الأساليب الحديثة التي اعتمدها في تطوير

الوزارة في مجاليها الطبي والإداري. وقد أجمعت كلمات من عرّف به على أنه رجل الاستقرار والاستمرارية، ذو قامة فكرية نادرة وصاحب مناقبية عالية وقناعات ثابتة، سخر جميع هذه الصفات في تطوير القطاع الصحي العام في لبنان رغم التحديات التي كانت تواجهه وفي مقدمتها الامكانيات المادية المحدودة وعدم الاستقرار الاجتماعي والأمني.

جاء الكلام عن ملامح شخصية الدكتور وليد عمّار بإجماع وزراء الصحة الذين توالوا على الوزارة خلال الثلاثين سنة الماضية في فيديو وثائقي صور خصيصاً للمناسبة وهم مع حفظ الألقاب: مروان حماده، محمد جواد خليفة، علي حسن خليل، وائل أبو فاعور، غسان حاصباني، جميل جبق، محمد حسن وكلمة نقيب الأطباء البروفسور شرف أبو شرف.

يهمني في بادىء الأمر أن أقدم أصدق التهاني للدكتور عمّار على الأوسمة التي تلقاها من بلجيكا وفرنسا ومنظمة الصحة العالمية وجهاتٍ دولية أخرى والتنويه بالوسام الصحي الذهبي الذي تلقاه من فخامة رئيس الجمهورية العماد ميشال عون، تقديراً لإنجازاته كمدير عام وزارة الصحة العامة وآخرها مواجهة وباء الكورونا. وقد أشاد به الوزير د. محمد حسن بما يلخص تميزه بالدور الإنساني والإداري واعتباره من القامات الإصلاحية النادرة التي تعمل بصمت.

لفتني في هذه المناسبة أكثر من موقف وتعليق:
أولاً: إن العمل الدؤوب الذي قام به الدكتور وليد عمار خلال سبع وعشرين سنة والإنجازات التي استطاع تحقيقها، من تحديث للإدارة والمستشفيات الحكومية ووضع استراتيجية وطنية لقطاع الصحة العامة، إلى الاستعانة بالخبرات الدولية والمساهمة في تفعيل دور لبنان في الخارج ومد جسور التعاون مع المؤسسات الطبية الأوروبية ومنظمة الصحة العالمية وغيرها.. أثمرت كلها في سنوات لم يهدأ فيه بال اللبنانيين من جراء الحروب والمناكفات السياسية الداخلية التي عطلت وكادت تقضي على كل المرافق العامة. ويهمني هنا أن أورد الملاحظة التالية: إن النموذج الحي الذي حققه الدكتور عمّار في ظل الظروف الصعبة التي رافقت فترة توليه المهام، يثبت بما لا يقبل الشك أن النجاح لا يزال ممكناً في لبنان رغم المخاوف والتجاوزات وسائر التحديات..

ثانياً: جرت العادة ألا يكرَّم الناجحون المبدعون في بلادنا أياً كانت درجة نجاحهم أو إبداعهم، وإذا حصل فليس في حياتهم وإنما بعد مماتهم. والملفت هنا أنه تمَّ تكريم الدكتور وليد عمّار وهو في عز شبابه (أطال الله بعمره)، وهذا أمر يوجب التوقف عنده لأنه يشكل خروجاً عن المألوف. وإذ نقيّم هذه المبادرة نأمل أن تتكرر مثل هذه الخطوة المباركة، فالمواطن اللبناني إذا ما بلغ التفوق والإبداع، يستحق التكريم والاعتراف بتفوقه وإبداعه.

ثالثاً: من الملاحظ أن الوزراء الذين تعاقبوا على وزارة الصحة خلال تولي الدكتور عمّار للإدارة العامة، ينتمون إلى مكونات سياسية مختلفة متضاربة فيما بينها عقائدياً ونهجاً وانتماءاً في حسابات السياسة اللبنانية. والمفارقة هنا أنهم أجمعوا على كفاءة وتفوق الدكتور وليد عمّار وأعطوا فيه شهادات صادقة في وقت يختلفون فيه على الصغيرة قبل الكبيرة. وهنا نطرح السؤال التالي: إذا تمكن أصحاب المعالي من الإجماع على تكريم الدكتور عمّار، ما الذي يؤخرهم أو يمنعهم من الإجماع على إنقاذ لبنان من الفساد والانهيارات التي يسير إليها.؟؟

إن نجاح الدكتور وليد عمّار في إدارة الصحة العامة، يكشف الغطاء عن الخلل في بعض الإدارات الأخرى ويسلط الضوء على زوايا مظلمة في تعاطي بعض السياسيين مع المصالح العامة. أما الإجماع الذي توصل إليه الوزراء السابقون للصحة العامة يبقى نموذجاً يحتذى بحيث إذا ما توافرت النوايا المخلصة، يمكن أن يتوصل لبنان إلى قرار حاسم في كل قضاياه العالقة..

●

خاطرة

•

علينا أن نتعلمَ الحبَّ مرةً وثانيةً وثالثةً.. فالعلاقاتُ الإنسانية تتطورُ بمرورِ الوقتِ وكذلك الحب لأنه ينمو بنموِّها ويزدادُ عمقاً بتقدُّمِ البصيرةِ العرفانيةِ. ويجبُ ألا يغيبَ عن بالِنا بأن الحبَّ موطنٌ للقوةِ وفيه تتجلى أسمى حقائقِ الروحِ.. وكلُّ هزيلٍ ضعيفٍ لا بدَّ أن يتعثرَ على جانبِ الطريقِ..

خاطرة

أثارَني خبرُ إصابةِ أحدِهم بنوبةٍ قلبيةٍ على أثرِ وفاةِ كلبه. عرفتُ فيما بعد أن النوبةَ القلبيةَ لم تصبْه لمجرّدِ وفاةِ كلبه الذي كان الرفيقَ والصديقَ والخادمَ الأمين، بل لأن وجودَ الكلبِ إلى جانبه كانَ يشكّلُ ذلك الخيطَ من الأملِ الذي يشدُّه إلى الحياةِ.. أما وقد ماتَ الكلبُ، فانقطعَ الخيطُ وغابَ الأملُ.. فارتعشَ القلبُ

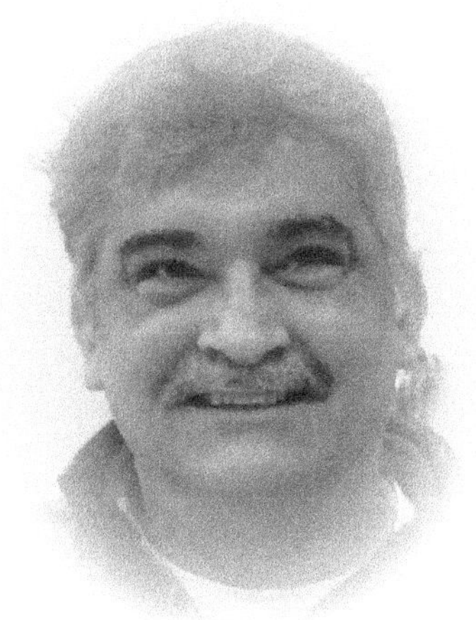

جاءنا يحمل رسالة في المحبة..

2020/08/04

بعضُ لحظاتٍ طارئةٍ نعيشُها في حيرةٍ وذهول، كنسمةٍ عابرةٍ ضلتْ طريقَها..
نقولُها للحبِّ الذي ضاعَ بين السطورِ أو للرسائلِ التي سقطتْ عنها كلماتُها..
للوقتِ الذي توقَّفَ وغابتْ عنه المسافات.. للآلام التي تقيمُ الفراقَ سداً وتعترضُ الحياة..
في مثلِ هذه اللحظاتِ الغادرةِ، غادرَنا نبيلٌ من غيرِ وداع، وقد ضاقَتْ في صدرِهِ الآهاتُ وملَّهُ الانتظارُ، فمضى مسرعاً ليلبّي نداءَ من دعاهُ إلى السماء..

رحلَ نبيلٌ ليتركَ لنا تساؤلاتٍ وذكريات:
لماذا يقضي الموتُ على من كانَ يملأُ الدنيا فرحاً وعنفواناً..؟

لماذا يمضي إلى الترابِ من كانتْ روحُه تُجاورُ الأنجمَ في بهائِها وإقدامَ المؤمنين في سخائِها..؟
لماذا ينتقي اللهُ من لم يبلغْ من العمرِ بعدَ أشواطاً وإليه دون شكِّ المآبُ..؟

لم يشْكُ نبيل يوماً من ألمٍ ولم يتذمرْ مرةً من تدهورِ صحتِه طوالَ السنين التي رافقتْ مواجهتِه للمرض. بل على العكسِ، كان مقاوماً حتى الرَّمقِ الأخيرِ وكان يحاولُ، في كل مناسبةٍ، التخفيفَ عن رفيقةِ عمرِه "فيروز" التي كانتْ تحيطُه بفيضٍ من الحبِّ والعنايةِ.
في خلوةٍ مع الذاتِ وتأملٍ بعمقِ التساؤلاتِ، وقبلَ أن أُعلنَ الكُفرَ أو سلْبَ التفسيراتِ، وجدتُ الأجوبةَ على تساؤلاتي في صورٍ من الذكرياتِ خلصْتُ منها إلى أن نبيلاً جاءَ إلينا كهبةٍ من السماءِ يحملُ رسالةً لينشرَها بيننا وليعودَ أدراجَه بعد إتمامِ المهمةِ: علَّمنا كيفَ نواجهُ الصِّعابَ بابتسامةٍ واعدةٍ بأملٍ في الحياة. فالأملُ هو نورُ إلهٍ في نفوسِ المؤمنين.. وأن ننظرَ إلى الصغيرِ كما الكبير، وإلى الفقيرِ كما الغني، وإلى الضعيفِ كما القوي. فعينُ المحبةِ تتعدى كلَّ الفروقاتِ.. وأن نلزمَ الصمتَ بوجهِ عظائمِ الأمورِ. ففي الخطْبِ المهيبِ تتوقَّفُ عقاربُ الساعةِ ويسكتُ الكلامُ..

ففي هذا الموقفِ الجلل، أيُّها النبيلُ، نعيشُ اليومَ مفارقاتِ الحياةِ المؤلمةِ ولكننا لن نستسلمَ لأثقالِها وأوهامِها.! بل سنكونُ أوفياءَ لرسالتِك التي تحفِّزُنا على الصبرِ والخضوعِ

لمشيئةِ الله.. سنفتقدُك مع كلِّ همسةِ حبٍ وابتسامةِ فرحٍ. كما سيفتقدُك كلٌّ من "عامر ولارا" عندما تتفتَّحُ براعمُ الحبِ والأملِ التي زرعتَها من أجلِهما على مرِّ السنين، لتزَّينَ لهما طريقَ الحياةِ..

شكراً لأنك أعدتَ الثقةَ إلى نفوسِنا والإيمانَ إلى قلوبِنا. لن تغيبَ عنا أيها الحبيبُ لأنكَ ستعيشُ في ضمائِرِنا وذاكرتنا إلى الأبدِ..

●

خاطرة

غريبٌ كيف تتراجعُ القيمُ والمسلماتُ الإنسانية لدى البعضِ كلما تقدمتْ العلومُ واتسعتْ ميادينُ المعرفة. وكأني بمن يصيبُهم هوسُ "الأنا"، يغيبون في متعةِ الإدعاءِ والغرورِ بتجاهلٍ كليٍ لما قد ينتجُ عن الدورِ المزيفِ الذي يتقمّصونه أمامَ سامعيهِم.. ويغيبُ عن بالِهم أن الحقيقة واحدة ونورها أسطعُ من أن تنالَ منه دُعاباتُ القاصرين..

الأضحى كما أنظر إليه..

2021/07/10

قلت في يوم عيد الأضحى المبارك إنه، بخلاف الشروحات المتعددة والمختلفة، هو سلوك عرفاني في مواجهة الذات لبلوغ رحاب الله. فالمؤمنُ، من أي مذهب أو دين، يتعدى المنظورَ الحسي إلى المنظورِ الروحاني في مساءلة ذاتية، مؤكداً بما أوتيَ من اتساعٍ في المعرفةِ ونفاذٍ في الرؤيةِ، أن اقترانَ هذه الحقيقةِ بالمرتجى الأسمى هو التحققُ بروح الله.. وتبقى الحرية أهم ما ينتجه الإنسان في سلوكه العرفاني بحيث يتفاعل معها وهي تغرد داخل سربها الاجتماعي الطبيعي ويرفض كل ما يعرّض هذا التناغم الإنساني إلى الزعزعة.

وقد قصدت ذكر المؤمن، من أي مذهب أو دين، للتأكيد على أن المنظور العرفاني لا يتميز به إنسان دون الآخر. فهو حالة من السلوك الماورائي أو الاستشراق الروحاني أياً كان المعتقد الديني. والواضح أن الله لم يمنح القدرة على بلوغ الحالة هذه لإنسان دون الآخر وإلا انتفت عنه صفة العدالة والمساواة. وإذا كان للبعض أن يرى تخصيصاً في بلوغ المسلك العرفاني، فهذا ليس من تدبير إلهي وإنما هو الإنسان من وضع الحواجز بينه وبين الآخرين عملاً بتفسيرات دينية قد تكون مغلوطة وظنها حقيقةً.

فإذا كان الله يعرف أولياءه حق معرفة، كما يدعي البعض، فلماذا يعطى المؤمن مساحةً لمساءلة الذات والعودة إلى تحريرها من الشوائب؟ وهذه المساءلة يجريها الإنسان بدافع روحاني شخصي لا علاقة فيه لمعتقده الديني. وهنا يمكن التمييز بين المؤمن المتمسك بتعاليم الله وغيره من المؤمنين بحسب توجيهاتهم الدينية. وأما السلوك العرفاني فهو ميزة الإنسان في تحديد علاقته بالباري تعالى من ناحية، وبأخيه الإنسان من ناحية أخرى. (أياً كان هذا الإنسان).

وإذا كان المؤمن مقيداً بالسلوك الروحاني ولا يمكن بالتالي زعزعته، فليس هناك من فرق بينه وبين الآخرين من الناس طالما أن جميع المؤمنين مقيدون بذات التعاليم. وإلا كيف نفسر الآية التي تجزم أن "أكرمهم عند الله أتقاكم".

يتحجج البعض في سلوكهم بما جاء في الكتب السماوية بحيث يبررون كل ما يفعلونه تماشياً مع كتاب الله. وهنا تكمن المعضلة الكبيرة إذ يجب أن نعمل على تفسير ما أوردته الكتب الدينية بما يخدم الإنسانية جمعاء وليس بما يخدم مجموعة واحدة من الناس. والتمييز بين فئات الناس هو نهج عنصري لا يقبل به الله فكيف نقبل به نحن بحجة أننا وحدنا أصحاب العقيدة الثابتة.

إننا نغرد داخل السرب القويم عندما ننظر إلى الآخرين كما ننظر إلى ذواتنا. وإن كنا نتفوق على الآخرين بفهمنا الروحاني مرحلياً، فهذا لا يعني الوقوف بوجه الراغبين في المعرفة الروحانية متى اكتملت لديهم الصورة وبانت لهم

الطريق. فالتوحيد هو ملاذ المؤمنين من أي مذهب أو دين، ليكون في متناول أيٍ كان من الناس عندما تشع في نفسه أضواء المعرفة.

يأتي الأضحى في كل سنة ليذكرَنا بسذاجتنا وتمسكنا بتقليد بالٍ مرَّ عليه الزمن، وكثيرون منا لا يعرفون له معنىً سوى أنه واجبٌ علينا أملته اللياقات الاجتماعية في إطار العادات والتقاليد المعمول بها في عالمنا المتخلف.

لقد آن لنا أن نخرج من هذه العادة الفارغة من كل مضمون، لننتقل إلى ما يعنيه العيد فعلاً

لقد آن لنا أن نرى في "الأضحى" أبعدَ من يومه "المبارك" وأعمقَ من تمنياته "العطرة" المتطايرة هنا وهناك لندركَ أنه يعني العودة إلى الذات ومساءلة النفس والضمير..

- ماذا فعلنا من أجل المشردين على مساحات الوطن..؟

- ماذا هيأنا لإنقاذ أهلنا من المرض والحاجة والضياع..؟

- ماذا أعددنا لنرقى بمجتمعنا إلى مصاف المجتمعات الحضارية غير التبخير والتبجيل في الشعر والأغاني؟

إن الواجب الذي ينتظرنا هو عمل يومي متواصل وفيه يكمن معنى الأضحى الحقيقي..

فإذا كان لنا أن نردد صلاتنا كل يوم لننتصر على ذاتنا، فذلك هو طريقنا للخلاص وتلك هي صلاة العيد..

●

خاطرة

نعيش عصراً تسير فيه التطورات بخطىً سريعة لن تفلت منها عاداتنا وتقاليدنا التي هي الأخرى قابلة للتطور بحيث نتخلى عن العادات البالية ونبقي على المضمون الجيد. إن اعتماد المنطق والوعي كفيل بأن يفتح لنا كل الطرقات، أما التصلب والتمسك بالتقاليد الموروثة التي ثبت فشلها، لا يؤدي بنا إلا إلى الطريق المسدود..

بتاريخ 17 أكتوبر 2021، الذكرى الـ 132
لميلاد الكبير ميخائيل نعيمة
(October 17, 1889 - October 17, 2021)

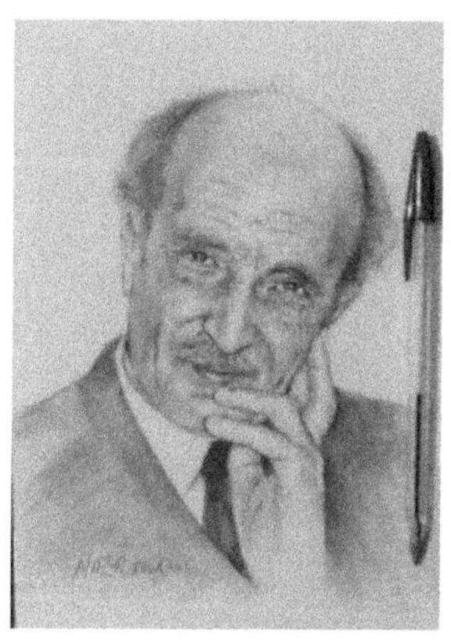

تحيةً في ذكرى ميلادك..

إلى روح المعلم الخالد ميخائيل نعيمة
الذي تطفو كلماته كالسحر على كل فكر غرَّد في فضاء هذا المشرق من العالم..

إليك معلمي حيث حللت في رحاب الخلود،
في جنة خصها الله للمبدعين، من أوليائه المخلصين ..

إليك أهدي في ذكرى ميلادك
أصدق تحية عابقة بعطر الورود وأريج الياسمين،
عربون تقدير لروحك الراقية،

وعرفاناً بجميل تعاليمك السامية التي أضاءت لي شموع المحبة على درب الإنسان فكان كتابي " الأبله الحكيم"..

نستحضرك اليوم في دارك مع بعض من محبيك بدعوة من حفيدتك العزيزة سهى نعيمه (الحداد) التي تأبى إلا وأن تراك حاضراً بيننا رغم بعد المسافات، لنعيش معاً ذكرى جلساتٍ طويلة كانت لنا زاداً روحياً لا تقوى على بعثرته رياح الزمان ولا أعاصير السنين العاتية..
وإذ يصعب علينا اللقاء، فعزاؤنا أن آثارك تحدث عنك وهي شاهدة عليك إلى الأبد..

المخلص/ خالد حميدان

خاطرة

من وطّن صدره على التسامح والمحبة، يذهب في الحياة إلى النهاية بفيض من فرح.. ليس الجمال أن نرهق الآذان بطبول المواعظ والنصح. إن الجمال في تعزية البائسين وإعانة المحرومين وهدي الضالين. فارفع قنديل المحبة ليضيء لك الطريق إليهم.. ففي مثل هذه الخطوة خير الكلام..!

خاطرة

كيف تطلقُ الزغاريدُ وأطفالنا تعبرُ العمرَ بدون طفولــة..؟
كيف تدق أجراسُ العيدِ وقد غابَ عن كتابنا سِفرُ البطولة..؟
أوَ ليسَ العيدُ أن نقتلعَ شوكَ الشرور من صدورنا لتنمو المحبة ويزهرَ السلام.؟ وأن يُهزمَ الجفاءُ في نفوسنا فنجني القطافَ حلوَ الوئام.؟

فإذا كان لنا أن نرددَ صلاتنا لننتصرَ على ذاتِنا، فذلك هو قدرُنا وتلك هي صلاة العيد..!

إلى سعادة النائب زياد أبو لطيف
تعليقاً على كلمته في عيد كندا الوطني

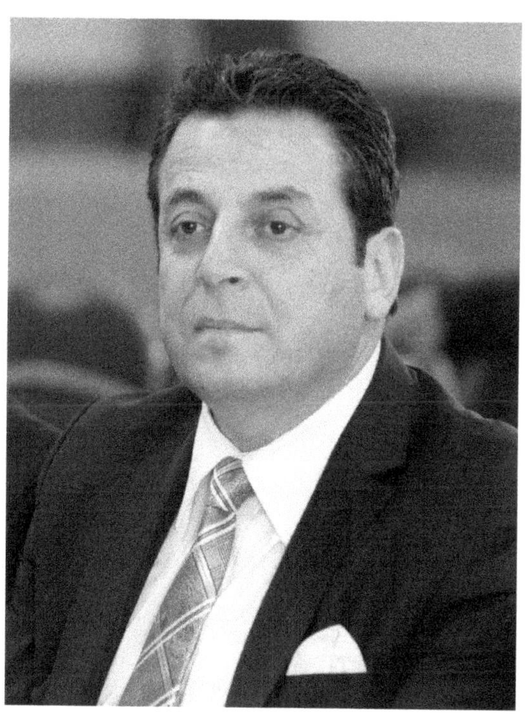

2021/07/03

يقول الأستاذ زياد: (تحت عنوان) كندا الحلم الذي لا يموت

بعد ثلاثين عاماً ونيف في كندا، أعود لأبحث فيها عن وطن قلبه أوسع من الكون وعقله يحمل أوزار الزمان بصبر، وهكذا فقط تُبنى الأوطان!

كان لي في بلدي الجميل كندا محطات كثيرة لعقود ثلاثة خلت، تعرفت بها الى تضاريس معالمها ودخلت الى قلبها عاشقاً، فهي عروسة أحلامي التي تحققت في افيائها، وهي مداي الرحب وهواء حريتي الذي تنشقته في دساتيرها بعد أن حرمنا منه طوفان الشرق. فلا هي تتعب ولا أنا استريح ولا تنحني الأحلام أو تستكين.

تعرفت الى كندا وكان عليّ أن أتعلم الكثير، أوليست الحياة مدرسة مستمرة من المهد الى اللحد! ونحن نعيش في وطن خارطته مثل كوكب الأرض، جامع مثل السماء ورحب كما الآفاق، متنوع كما البساتين تحت ضفائر الشمس، عظيم كما في عنفوان الكوكب الأزرق ومستكين كبرج القمر يبعث النور ويؤنس الوحشة ويضيء دروب القادمين ليدلهم الى أبواب الفردوس؟

كندا الحضن الآمن، تفتح ذراعيها وأشرعة قلبها الدافئ لكل مظلوم وحالم، لكل محارب ومسالم، لكل مفكر وهائم، وهي ترتقي في علاقاتها كالأم في عقلها وفهمها وصبرها ورعايتها. هي تربي والوفاء يبقى على من استطاع إليه سبيلاً..

هنا للإنسانية سمفونية فريدة قد يكون من الصعب تخليدها، إلا أنها في حضانة السّماع لا بد أن تستمر والعالم يتكور حول قومياته وتشدّه أعصاب الباحثين عن هوية في العالم القديم وبعض الجديد! هنا تجربة من نوع آخر، وسجادة حيكت بألوان البهاء. ليس أجدى.. الحفاظ على ألوانها ولو بجبر القلوب.

هنا كندا! توقف قليلاً أيها السائل لعلك تدرك ماذا استطاع بنّاؤوها أن يفعلوا في قرن ونصف القرن فقط من الزمان وبينهما حربان عالميتان! تصوّر ماذا يستطيع أبناء الأمم النبيلة أن يفعلوا إذا ما توافرت لهم الأرض الخصيبة والهواء النقي والفضاء الرحب وملح أرضهم قانون وعدالة ومساواة وديمقراطية وشرعة حقوق وحريات!

نعيش في وطن خارطته مثل كوكب الأرض، جامع مثل السماء ورحب كما الآفاق، متنوع كما البساتين تحت ضفائر الشمس، عظيم كما في عنفوان الكوكب الأزرق ومستكين كبرج القمر يبعث النور ويؤنس الوحشة فلا محل للخطأ.

كندا التي تعاني اليوم من بعض نقاش جدي لبعض الهويات القاتلة لا بد وأن يستدرك أهلها أنها ليست مكاناً لتصفية حسابات النشأة والتاريخ، ولن تكون، ليست ساحة لتنطلق منها مواكب الذين غفلتهم مراحل الزمان فراحوا يفتشون عن ثأر، ولن تكون ملعباً للهواة يختبرون فيه كيف يستأثرون، بل هي كانت وستبقى منبراً للأحرار عليهم بتعزيز قوتها وتمتين عقدها الاجتماعي، مسوؤلية كبرى لا تتحقق فعلاً باعتبارها غير وطن، أو وطن مؤقت أو فندقاً لنزلاء لما يزلوا ينتظرون أن يعود لهم وطن في مكان آخر من هذا العالم.

كندا تحتاجنا جميعاً في عيدها وفي كل يوم، فنحن نرتقي معها لتبقى لنا ولأجيالنا الأمة التي إليها ننتمي وكفى بذلك فخراً..!

وتعليقاً على ما جاء في كلمة الصديق الأستاذ زياد أبو لطيف، توجهت إليه بالكلمة التالية:

شدّني سحر الوصف ورهفة الأحاسيس في تغزّلك بعروسة أحلامك، وخلت لبعض الوقت أنك ترسم وجه عاشقة أضناها الشوق وقد رام عنها الحبيب. حاولت الربط بين المعاني والكلمات واستطعت أن أحل "اللغز". فإذا بي في حضرة أديب وشاعر يعرف كيف يرسم أدق التفاصيل في وجه حبيبته بقليل من الكلام.. وأي كلام أجمل من تعبير وجداني يرفع بالحب إلى أسمى درجاته ومعانيه..؟
وعدتُ إلى رشدي محدقاً ومدققاً لأتوقف عند بيت القصيد حيث قلتَ في عروستك: "وطن خارطته مثل كوكب الأرض، جامع مثل السماء ورحب كما الآفاق، متنوع كما البساتين تحت ضفائر الشمس، عظيم كما في عنفوان الكوكب الأزرق ومستكين كبرج القمر.."
وبعد أن تسترسل في وصف الحبيبة، تؤكد بأنها "الحضن الآمن تفتح ذراعيها وأشرعة قلبها الدافئ لكل مظلوم وحالم، لكل محارب ومسالم، لكل مفكر وهائم. ترتقي كالأم في صبرها ورعايتها. هي تربي والوفاء يبقى على من استطاع إليه سبيلاً.."
راقني في عيد كندا الوطني، كيف ظهّرت صورة الوطن الذي تبحث عنه وقد وجدت في كندا ضالتك المنشودة والملاذ لكل حالم ومسالم وقد عددت صفاتها ومزاياها الراقية بأسلوب أدبي وجداني بعيد عن الرتابة وترداد ما

يتردد. وإذا كان لي أن أصنّف ما كتبت أقول: إنها مقطوعة راقية في قطاع الأدب الوجداني، يفوح منها عطر السلام وأريج الصدق والوئام وقد عبرّت أيها الصديق الحبيب عما يختلج في صدور جميع المؤمنين الأوفياء الذين لجأوا إلى كندا يفتشون عن دفء الحنان وأمن البقاء..

تحية لك من الأعماق ودمت عزيزاً ودام قلمك المعطاء..

المخلص/ خالد حميدان

●

خاطرة

•

أخي أيُّها القابعُ في الظلامِ..

إنَّ النورَ الذي يُخرِجُ أحلامَك من ظلامِها، هو نورُ محبَّتي..

فلماذا تحطِمُ قِنديليَ المنيرَ بفأسِ كراهيتِك وتنثرُ الكَدرَ في حقلِ أيامي..؟ أما علِمتَ أنَّ السمومَ قد تنقَلُ على جناحِ الرِّياحِ إلى حقولك وحقولي، فتفْسِدُ زرْعَك وزرعي..؟

العودة إلى الذات..

2021/04/05

أكثر ما نحتاجُه اليومَ
في عصر التراجعِ والإنكفاء..
هو العودة إلى الذاتِ
وتلاوةُ فعل الندامةِ أمام الضمير..

فلا نذهبن للتفتيش عمَّن
نخاصمُ أو نعادي..
إذا تخلفنا عن مواكبةِ الحياة
في عزها وعلائِها..
فالعدو يعيشُ في داخِلنا
وينمو في تخاذلِنا
وينتصرُ في انهزامِنا..

خاطرة

لا يُمكنُ لأي من الفنون أن تقترِبَ من الإبداعِ إن لم تحمِلْ في طيَّاتِها قِيَمَ الإنسانِ السامية.

والإبداع في أيِ حقلٍ كانَ، هو واحدٌ لا يتجزأ لأنه يصُبُّ في ذاتِ المكانِ الذي ينبعُ منهُ: الموهبةُ عطاءٌ من الله، والأداءُ هو الإستخدامُ الإنساني لهذه الموهبةِ بما يُرضي الله.. فمنه العطاءُ وإليه الأداءُ وهكذا يتحققُ الإبداع..

لمجدك قانا..!

2021/04/19

إلى البرعمِ المتفتّحِ
مع إطلالةِ كلِّ ربيع..
والبسمةِ الدافئةِ في ليلِ الصقيع..
إلى الفرحِ الآتي من البعيد
والأملِ الواعدِ مع الفجرِ الجديد..

إليك قانا، سيدتي الجميلة، أنحني!
ولمجدِك أركعُ وأصلّي.!

يا سنبلةً شقراءَ تلمعُ كالخناجر،
وحرقةً حمراءَ
تغصُّ في الحناجر،
يا أغرودةَ الفداءِ على لسانِ كلِّ ثائر..
للعزِّ كنتِ وفية

وفي وأدِ الهزيمةِ أبيَّة..
مشوا إلى الموتِ أطفالُك
زهواً
لنظفرَ نحنُ بالميلادِ
بالهوية..

في زمنِ الهرولةِ والسقوطِ
وقفتِ تتحدّين المخاطر..
وتجولين عبابَ القنوطِ
كالنصرِ في نشوةِ ظافر.
ونفضتِ عنكِ غبارَ الموتِ
لتعلني يومَ القيامة..

سيكتبُ التاريخُ رَغمَ أنفِه
وهو الشاهدُ منذُ البداية..
إنَّكِ والأطفالُ الأبرارُ..
من سيهلِّلون في النهاية.

معذرةً أيتها البتولُ الصامدة.

إن وطناً متقَهقِراً

تواقاً إلى الحدثِ العظيمِ،

ينتظرُ المستحيل..

وقد أحنى ظهرَه الصبرُ الجميل..

فليس هناك إلا أنتِ يا آخرَ الأوفياء

لكي تحدثي الدهشةَ

كالرُّسُلِ.. كالأنبياء..

فإليكِ وحدِكِ أتضرَّعُ

وإليكِ سيدتي أنحني.

ولمجدِكِ.. أركعُ وأصلّي.!

●

خاطرة

نعيش مفارقات الحياة بحلوها ومرها من غير أن نستسلم لأثقالها وأوهامها، بل نواجه الصعاب بابتسامة واعدة بالأمل ونلزم الصمت. ففي الخطب المهيب تتوقف عقارب الساعة ويسكت الكلام..

لماذا الصوم في رمضان..؟

ألقيت هذه الكلمة خلال إفطار رمضاني في البيت الدرزي في تورنتو - كندا.

2022/04/04

أصحاب السماحة والفضيلة المحترمين، أيها الحفل الكريم..
السلامُ عليكم وأسعدَ الله مساءَكم بكل الخيرِ والبركات..

يسرُّني، أيها الأصدقاءُ الأعزاءُ، أن أنقلَ إليكم تحيةَ الجمعيةِ الدرزيةِ الكنديةِ وخالصَ تقديرِها لتلبيتِكم الدعوةَ إلى هذا البيتِ، العامرِ بتواضعِه والواسعِ برحابتِه، آملاً أن يتقبلَّ منا اللهُ حُسنَ الأداءِ وخيرَ الدعاءِ في هذا الإفطارِ الرمضاني المبارك.. كما يُسعدُني أن أقدِّمَ التهاني لتعانقِ شهري الصيامِ لهذا العام لدى الطوائف المسيحية والإسلامية، لأقول..
"رمضانٌ كريمٌ وفصحٌ مجيدٌ على أملِ أن نعملَ بوحي المناسبتين ليعمَّ الأمنُ والسلامُ في أوطانِنا وتغمرَ المحبةُ قلوبَنا وضمائِرَنا.."

لماذا الصوم في رمضان؟
بحسبِ الدراساتِ الإسلامية، الصوم في رمضان هو ركنٌ من أركانِ الإسلام إذ لا يوازيه أيُّ صومٍ آخرَ. وهكذا يتمُّ

من خلالِه، تكفيرُ المسلمِ عن ذنوبِه بالإضافةِ إلى تطهيرِ القلبِ وتحقيقِ التقوى وتحقُّقِ أجرِ الصبرِ على الطاعةِ والامتناعِ عن المعاصي. لذلك قيل "إن الصيامَ في رمضان هو طريقٌ لدخولِ الجنة.."

وأهمُّ ميزةٍ لشهرِ رمضان عن باقي الأشهرِ أنه تُفتحُ فيه أبوابُ التوبةِ للمؤمنين، فيكثرون من الاستغفارِ والدعاءِ وتجنُّبِ السيئاتِ والكبائرِ والإقبالِ على أعمالِ الخير. كما تتخللُ الشهرَ الفضيلَ "ليلةُ القدر" وهي من أعظمِ الليالي وقد نزلَ فيها القرآنُ الكريمُ على رسولِ الله، ومن قامَ في هذه الليلةِ طالباً الغفرانَ، استجابَ الله لدعائِه وحقَّقَ طلبَه..

والصومُ في رمضان لدى المسلمين يشبهُ إلى حد كبيرٍ الصومَ لدى الطوائفِ المسيحيةِ، إن لم يكنْ بالشكلِ فبالمضمون، حيثُ أنَّ الصومَ المقبولَ هو المرتبطُ بالتوبةِ والرجوعِ إلى الله والتذللِ لطلبِ القوةِ الروحيةِ الإيمانيةِ للإنتصارِ على قوةِ الشر. أضفْ بأن الصّومَ علامةٌ مميزةٌ في حياةِ الإيمانِ، يعبّرُ فيه المؤمنُ عن خضوعِه وطاعتِه للربّ كما يطيعُه في الصلاةِ ووصاياه الأخرى. ومثاله الأعلى في ذلك، السيدُ المسيحُ الذي صام (بحسب إنجيل متّى) أَربعينَ نهارًا وأَربعينَ ليلةً، لاعتبارِه بأن الصّومَ مفتاحٌ أساسيٌ للتخلصِ من سائرِ المشاغلِ الحياتيةِ اليوميةِ بما فيها الطعام.. والانصرافُ كلياً إلى الصّلاة.

ليس للصومِ زمنٌ معينٌ بتعليمٍ كتابي بل إنه يندرجُ غالباً في سياقِ ترتيبٍ كنسيٍ وإنه لدى غالبيةِ الطوائفِ المسيحيةِ، يسبقُ ذكرى موتِ السيدِ المسيح وقيامتِه بأربعين يوماً.

وإذ يميلُ الإنسانُ بطبيعتِه إلى ما يشبعُ طموحَه ويعزِّزُ وجودَه، فقد رحَّبَ المسلمون بما حملَه القرآنُ الكريمُ من وصايا وهي موجهةٌ، ليسَ للمسلمين المؤمنين وحسب، وإنما للبشريةِ كافةً. لذلك ترى كثيرًا من المستشرقين يأخذون بعضَ الآياتِ التي تحملُ معاني السلامِ والمودةِ للدلالةِ على أهميتِها في تعميقِ أواصرِ العلاقاتِ بين الناسِ كافةً مهما اختلفتِ الأديانُ والعقائدُ.

ومن قبلِ القرآن جاءتْ الوصايا العشرْ التي أطلقَها السيدُ المسيحُ وهي تؤلِّفُ كلاً لا يتجزّأ بحيثُ أنها مترابطةٌ بعضَها ببعضٍ وتجمعُ بينَ حياةِ الإنسانِ اللاهوتيةِ وحياتهِ الإجتماعية.

ومن قبلِ ظهورِ الإسلام والمسيحيةِ، كانتْ هناك "شريعةُ حامورابي" في بلاد الرافدين، التي تتألفُ من 282 مادةً نُحِتتْ على الصخورِ وقد تناولتْ الإنسانَ بمختلفِ نواحي حياتِه الحقوقيةِ والاجتماعيةِ والاقتصاديةِ وتُعتبرُ الحجرَ الأساسَ للتشريعاتِ القانونيةِ الحديثةِ التي جاءتْ في عصورٍ متقدمةٍ. والجديرُ ذكرُهُ أن حامورابي هو سادسُ ملوكِ بابل وأوَّلُ ملوكِ الامبراطوريةِ البابليةِ وقد حكمَ بينَ عامي 1792 و1750 ق.م.

وفي العودة إلى الصوم لدى المسلمين، من الملاحظِ أن الانصرافَ إلى الصومِ والصلاةِ يرتبطُ بالتوبةِ والرجوعِ إلى الله عزَّ وجلَّ بما يعنيه الله من فضائلَ وقيمٍ تمكِّنُ المؤمنَ من التقرّبِ والإلتصاق بروحِه. أما القيمُ فهي مندرجةٌ في أسماءِ الله الحسنى. وقد سمِّيتْ كذلكَ لحسنِ معانيها وعددها تسعُ

وتسعون: كالرحمنِ والرحيم، العليمِ والحليم، السميعِ والبصير، الخبير والشهيد، الهادي والبديع..إلخ.
وطالما أن الصلاةَ والصيامَ مرتبطان بالتوبةِ والرجوعِ إلى الله، فمنَ الطبيعي أن يقومَ المؤمنُ بما يُرضي الله من أفعالٍ تشكّلُ في مجموعِها واجباً يومياً يستمرُّ إلى ما بعدَ نهايةِ الشهرِ الفضيلِ.. وهنا نطرحُ السؤالَ التالي: هل هذا ما يقومُ به المؤمنون فعلاً خلالَ شهرِ رمضان وما بعدَه ليحققوا الغايةَ المنشودةَ من الصومِ؟

قبل الإجابةِ على هذا السؤالِ، دعونا ننظرُ في المعنى اللغوي لكلمةِ "رمضان". رمضان هو مُثنّى لكلمةِ "رمضٌ" والرمضُ يعني الحرقةَ الناتجةَ عن شدةِ الحرارةِ ومنها "الرمضاءُ" أي البادية التي يشتد فيها الحر. وهكذا فإن المرادفَ لكلمةِ رمضان هو "حرقتان": حرقةُ الشوقِ إلى الله (في المنحى الروحاني) وحرقةُ الشوقِ إلى الطعامِ وسائرِ المفطِراتِ (في المنحى الدنيوي). وقد اتفقت المدارسُ الفقهيةُ الإسلاميةُ على هذا التعريفِ اللغوي المبدأي وإن اختلفتْ بعضُ شروطِها الشكليةِ في التطبيقِ العملي.. ولا بدَّ هنا من التأكيدِ على أنه إذا كان الصومُ في غيرِ هذا الإتجاهِ فهو باطلٌ إذ لا فائدةَ من صلاةٍ وصومٍ وزكاةٍ ما لم تُنهِ الانسانَ عن المنكرِ وخلافِه من الأعمالِ..
الملاحظُ في سلوكِ الناس اليومَ، باستثناءِ القلةِ من المؤمنين الأتقياء، أنه رَغمَ صومِهم وانقطاعِهم عن الأكلِ والشرابِ، يقومون بمجموعةٍ من العاداتِ لا تتصلُ بجوهرِ الصومِ

بشيء كالمغالاةِ في الإنفاقِ لتحضيرِ أفخرَ المأكولاتِ والحلوياتِ أو التلهّي بمشاهدةِ البرامجِ والمسلسلاتِ التلفزيونيةِ التي باتتْ تُنتَجُ في كل سنةٍ خصيصاً للسهراتِ الرمضانيةِ، وإلى ما هنالك من مشاغلَ دنيويةٍ أخرى. وكل ذلك لكي يتناسوا ألمَ العطشِ والجوعِ بانتظارِ ساعةَ الإفطارِ.. وهكذا، مع الأسف، فقد تحولتْ تلك العاداتُ إلى عباداتٍ وتمَّ التخلي عن الجوانبِ الروحانيةِ الأساسيةِ.

في احتفالِ تأبينِ وتكريمِ المغفور له د. يوسف مروّه الذي أقمناه عام 2019، اقترحَ الصديقُ سماحةُ الشيخ علي السبيتي تأليفَ لجانٍ تثقيفيةٍ تضطلعُ بتظهيرِ دورَ المبدعين العربْ الذين كانت لهم بصماتٌ نافرةٌ في حضارةِ بني الإنسانِ ليكونَ المثالَ والقدوةَ الصالحةَ لناشئتِنا العربيةِ في الوطنِ كما في المغترباتِ. يا حبذا لو نضيفُ فقرةً إلى برنامجِ اللجانِ هذه، إذا كانَ لها أنْ تبصرَ النورَ، تشرحُ معنى الأعيادِ والمناسباتِ العربيةِ بالمضمونين الدنيويِ والروحانيِ، بدلاً من أن نتركَ الأمرَ لتعددِ الشروحاتِ والاجتهاداتِ.

وإذ أنَّ الحديثَ فيما نقولُ قد يطولُ.. نكتفي بما تقدَّمَ. رمضانٌ مباركٌ على الجميعِ وسعيٌ مقبولٌ مع أصدقِ التمنياتِ بأن يشمُلَنا الله جميعاً بحلمِه وعطفِه.. وكلُّ عامٍ وأنتم جميعاً بخير!

●

خاطرة

في إحصاءات صادرة عن الأمم المتحدة إشارة إلى إهمال العرب للقراءة والمطالعة، إذ يقرأ المواطن بمعدل كتاب واحد في السنة بينما المواطن الأوروبي يقرأ حوالي 35 كتاباً والمواطن الإسرائيلي ما يقارب الـ 40 كتاباً في السنة. وهل نستغرب بعد هذا لماذا يستفحل التخلف بعقولنا ولماذا تتعدد مقارباتنا وتحليلاتنا لما يحدث حولنا، فنرتجل المواقف والحلول..؟

في رحاب الزجل.. برفقة سحر نصر!

2022/12/15

بين الأمس واليوم تراجعت مفاهيم حياتية كثيرة كانت تعتبر من المسلّمات أو البديهيّات في إطار العادات والتقاليد، لتطلَّ من ورائها مفاهيمُ جديدة، فرضها التطور الحتمي الإيجابي، حملتْ معها إلى الواجهة شيئاً من الواقعية والابتكار مما ساعد على تلقّيها بسرعة قياسية من قبل المجتمعات التي تصبو بشكلٍ طبيعي دائمٍ إلى كل جديد مفيد خاصةً إذا كان هذا الجديد يحمل في طيّاته ومضاتٍ من الجمال وآياتٍ من الإبداع.

والزجل اللبناني ليس أقلَّ، في شكله ومضمونه، من مواصفات الجمال والإبداع التي تحتضن ألوان الفنون العربية كافةً وقد فرض نفسه في ساحةٍ كثرت فيها المحاولات الثقافية والأدبية والفنية حيث الإبتكارات والإبداعات الجمالية في أعلى درجاتها.

والجدير ذكره أنه ما كان للزجل اللبناني أن يطفو على وجه البحث العلمي لو لم يلقَ الباحث الجدّي الذي أدرك بحسه وعلمه ومراجعاته الأدبية حقيقة ما ينطوي عليه هذا الفن الرائد الذي يحاكي كل الناس لأنه يتكلم لغة الناس بعفويتها

وصدق معانيها. وهنا كان لا بد أن ينبريَ متطوعٌ بجرأة نادرة وقدرة علمية عالية ليكشف الغطاء السحري عنه، فكانت "سحر نصر" التي أقدمت مختارةً لتلعب الدور الريادي في إخراج هذا الفن الراقي من تحت غبار النسيان وليكون بالتالي في متناول العاشقين للحب والفن والإبداع.
عرفتْ "سحر نصر ضو" كيف تكشف النقاب عن كنزٍ أو إرثٍ شعبيٍ وطني كاد الإهمال الرسمي والأهلي أن يطويَ صفحته لولا الحس الوطني والواجب الإنساني اللذان شكلا الدافع الأسمى لبلوغ غايتها. فقد نذرت "سحر" كل إمكاناتها العلمية والمعرفية لطموح تتويج دراستها الأكاديمية الجامعية في إعلان تقدم "الزجل" على غيره من الفنون..

وأكثر من هذا، فقد أحسنت الدكتورة سحر في اختيارها الشاعر طليع حمدان إنموذجاً للشعر الزجلي لما تقوم عليه شخصيته من موهبةٍ وعبقريةٍ وتعلقٍ بتراب الوطن، هذه السِمات التي يشترك فيها شعراء الزجل بشكل عام، يضاف إليها ما ينفرد به شاعرنا من سحرٍ في الأداء ووسعٍ في المسافات التي جنَّح خياله في أبعادها واستقى منها أحلى المعاني والصور.
لا أقول هذا من باب المجاملة لأشدَّ على أيدي السيدة سحر التي اختارت هذا الموضوع الشديد الأهمية عنواناً لإطروحتها وأصدرته كتاباً بعنوان "مسيرة الزجل اللبناني"، وإنما لكي أؤكدَ أنه بالرغم من عمر الزجل اللبناني الذي يعود لمئات السنين إلا أنه لم يستحوذ على اهتمام الباحثين والدارسين كما يجب. ويعود ذلك لأحد سببين: إما لجهلهم

أهمية هذا الفن واعتباره دون المنزلة الراقية حيث يفترض أن يكون، وإما لنقصٍ في علمهم وخبراتهم ومطالعاتهم فتركوه جانباً. وبرأيي المتواضع، أياً كان السبب الذي قد يتذرع به هؤلاء، يبقى عذراً أقبح من ذنب، خاصة أنه أشاد بهذا الفن كبار المفكرين والأدباء اللبنانيين..

تعود بي الذاكرة هنا إلى مرحلة الستينات من القرن الماضي حيث دأب تلفزيون لبنان (في حداثة عهده)، على بثِّ سهرة أسبوعية من الزجل اللبناني، تعرفنا منها على الشعراء: جوزيف الهاشم، زين شعيب، جان رعد، أسعد سعيد وطليع حمدان وغيرهم. أعتقد جازماً أن المرحلة هذه كانت الأهم في تاريخ الزجل اللبناني لكونها ظهَّرت هذا الفن الأصيل وعرَّفت به المجتمع اللبناني من على شاشة صغيرة دخلت كل بيت دون استئذان، فبات يعشقه ويترقَّبه المشاهدون من أسبوع إلى أسبوع.. وعنه قال الأديب الكبير ميخائيل نعيمة: "من الطبيعي أن يكون الشعر المنظوم بلغة المخاطبة أحبَّ إلى قلب الشعب وأفعلَ في روحه، من ذلك المنظوم بلغة سيبويه وطبقاً لعروض الخليل.."

بقي أن أتقدم بالشكر والتقدير من الصديقة الكريمة الدكتورة سحر نصر ضو على إهدائي كتابها القيّم بعنوان: "مسيرة الزجل اللبناني.. طليع حمدان إنموذجاً"، الذي اعتبرته بعد قراءته "مرجعاً أدبياً" وقيمةً لا تضاهى في كنف المكتبة العربية، علَّه يفتح الشهية لديها لإصدار المزيد من الأبحاث والدراسات، ويقيني أن الأمر حاصلٌ لا محال..

●

الفهرس

الفهرس (تتمة)

المؤلف: محطات إعلامية واجتماعية

النشاطات الإعلامية:

- مؤسس ورئيس المركز الاستشاري للإعلام
- ناشر ورئيس تحرير مجلة "أضواء"
- ناشر ورئيس تحرير جريدة "الجالية"

النشاطات الاجتماعية:

- عضو مركز الجالية العربية الكندية في تورنتو
- عضو مؤسس لجامعة اللبنانيين الكنديين
- عضو الاتحاد العالمي للمؤلفين باللغة العربية
- رئيس سابق لمجلس الصحافة الاثنية في كندا
- رئيس سابق لرابطة الإعلاميين العرب في كندا
- مؤسس ورئيس مركز التراث العربي في كندا
- مؤسس ورئيس المهرجان الكندي المتعدد الثقافات
- مؤسس ورئيس رابطة المؤلفين العرب في كندا

الجوائز التقديرية:

من قبل الجهات الرسمية والأهلية التالية:

- رئاسة الحكومة الكندية الفدرالية
- رئاسة حكومة أونتاريو
- بلدية تورنتو الكبرى
- مركز الجالية العربية في تورنتو
- مجلس الصحافة الإثنية في كندا
- الجمعية الدرزية الكندية في أونتاريو
- رابطة المسلمين التقدميين في كندا
- رابطة الأطباء العرب في شمال أميركا
- الإتحاد العالمي للمؤلفين باللغة العربية
- جمعية "عالم إنسان بلا حدود" - بيروت، لبنان

صدر للمؤلف

- كتاب "**الأبله الحكيم**"

الطبعة الأولى (1974) الطبعة الثانية (2009)
الطبعة الثالثة (2011)

- كتاب "**أصداء وأضواء**" (1978)

- كتاب "**كلمات بلا حواجز**"

الطبعة الأولى (2009) الطبعة الثانية (2011)

- كتاب "**أوراق حائرة**"

الطبعة الأولى (2009) الطبعة الثانية (2012)

- كتاب "**بيت التوحيد بيت العرب**" (2009)

- كتاب "**الوصايا العشر**"

الطبعة الأولى (2011) الطبعة الثانية (2013)

- كتاب "**سقوط الجمهورية**" (2013)
- كتاب "**أقلام صادقة**" (2014)
- كتاب "**أقلام صادقة**" (جزءان 2022)
- كتاب **يوسف مروه -**
  "**التبادل الثقافي بين الشرق والغرب**" (2019)
- كتاب **سعيد تقي الدين -**
  "**الفكر الحاضر المغيّب**" (2021)
- كتاب "**إضاءات**" (2023)
- كتاب "**وجهة سير**" (2023)